Ärger mit der Unsterblichkeit

Andreas Dorau
& Sven Regener

Ärger mit der Unsterblichkeit

Galiani Berlin

4. Auflage 2023

Verlag Galiani Berlin
© 2015, Verlag Kiepenheuer & Witsch, Köln
Alle Rechte vorbehalten. Kein Teil des Werkes darf in irgendeiner Form (durch Fotografie, Mikrofilm oder ein anderes Verfahren) ohne schriftliche Genehmigung des Verlages reproduziert oder unter Verwendung elektronischer Systeme verarbeitet, vervielfältigt oder verbreitet werden.
Umschlaggestaltung: Rike Weiger, Berlin
Umschlagmotiv: © Rike Weiger
Autorenfoto: © Charlotte Goltermann
Lektorat: Esther Kormann
Gesetzt aus der Stempel Garamond und Helvetica Neue
Satz: abavo GmbH, Buchloe
Druck und Bindung: CPI books GmbH, Leck
ISBN 978-3-86971-108-9

Weitere Informationen zu unserem Programm finden Sie unter *www.galiani.de*

Die »Fred-vom-Jupiter«-Geschichte

Es war mein letztes Jahr in der Otto-Hahn-Gesamtschule in Hamburg, also die zehnte Klasse, es war das Jahr 1981, ich war sechzehn und es war Sommer. Ich hatte bei Alfred Hilsbergs Plattenfirma ZickZack schon eine EP mit drei Stücken veröffentlicht, die hieß »Der lachende Papst«, aber meine Mitschüler wussten nichts davon. An meiner Schule gab es nur Punk-, aber keine New-Wave-Hörer und überhaupt interessierten sich die meisten nicht für Musik. Ich führte gewissermaßen ein Doppelleben. Holger Hiller und Albert Oehlen waren meine Musikfreunde, und die waren sieben bis zehn Jahre älter als ich.

Dann war in der Schule Projektwoche. Für die Projekte wurden altersübergreifend Gruppen aus den achten, neunten und zehnten Klassen gebildet. Ich entschied mich für den Kurs »Fahrradfahren durch Hamburg«. Weil dort aber die erste Aufgabe darin bestand, einen Reifen zu flicken, verließ ich die Gruppe wieder, weil das bei uns zu Hause immer meine Mutter machte. Dadurch kam ich mit einiger Verspätung in den Kurs »Wir machen einen Popsong«, da war es schon Freitag und wir wurden aufgefordert, übers Wochenende etwas vorzubereiten, einen Song zu schreiben oder einen Liedtext. In dem Kurs befand sich auch Olaf Maurischat, ein Junge aus der Parallelklasse, den ich als Einzigen einigermaßen leiden konnte. Mit dem ging ich am Wochenende ins »Geisterfahrer«-Studio, ein Vierspurstudio von Matthias Schuster. Dort nahmen wir den Backing-Track für das spätere Lied »Fred vom Jupiter« auf. Dafür musste ich Matthias Schuster einhundert Mark bezahlen.

Am Montag stellten alle ihre Hausarbeiten vor und es wurden vier Gruppen gebildet, die daran weiterarbeiten sollten. Bei meinem Stück meldeten sich nur drei Mädchen aus der achten Klasse. Die Mädchen fanden meinen Text schlecht und schrieben einen anderen, ich steuerte nur einen von mir zu sprechenden Part bei. Ein paar Tage später ging der Lehrer mit uns in ein Achtspur-Tonstudio, wo alle vier Songs der Projektgruppe aufgenommen wurden. Die Mädchen sangen, ich sprach meinen Part und das war's dann.

Kurz darauf gingen die Schulferien los und ich fuhr nach Düsseldorf, um einen Fanbesuch bei der von mir sehr bewunderten Band »Der Plan« zu machen. Die

Musiker von »Der Plan«, die auch die Plattenfirma »Ata Tak« betrieben, fanden »Fred vom Jupiter« gut und wollten den Song auf einer Single herausbringen. Wir gingen gleich ins Studio und nahmen eine B-Seite auf, die hieß »Auch die Heimat ist nicht mehr schön«, es war ein Instrumentalstück und sollte Freds Rückkehr auf seinen Heimatplaneten beschreiben.

Aber der Lehrer in Hamburg wollte von einer Veröffentlichung des Liedes nichts wissen, er verbot mir die Verwendung der mit ihm gemachten Aufnahmen. Ich fand das nicht gut und suchte mir über einen Freund einige Mädchen zwischen elf und fünfzehn Jahren zusammen, mit denen ich wieder ins Geisterfahrer-Studio ging und die Gesangsspuren neu aufnahm. Da ich die Backing-Tracks ohnehin mit Olaf Maurischat am Wochenende und auf eigene Kosten gemacht hatte, war dadurch meiner Ansicht nach die Schule aus dem Spiel.

Einige Wochen später wurde die Single auf dem Ata-Tak-Label veröffentlicht und zur selben Zeit ging die Sache mit der »Neuen Deutschen Welle« durch die Decke. Deshalb lief das Stück plötzlich überall im Radio, was bei einer Ata-Tak-Veröffentlichung sonst nie der Fall gewesen wäre. Wir verkauften binnen weniger Wochen zwanzigtausend Singles und es meldeten sich bei uns andere, größere Plattenfirmen. Wir lizenzierten die Aufnahme an die Teldec weiter und zugleich schickte mich Thomas Fehlmann, ein Bandkollege von Holger Hiller, zu einem großen Musikverlag, Francis, Day & Hunter, die würden das Stück gerne verlegen und ich solle mich doch dort einmal melden. Da fühlte ich mich sehr geschmeichelt und ging hin und unterschrieb einen Verlagsvertrag für das Stück. Obwohl, eigentlich unterschrieb meine Mutter, ich war ja noch nicht volljährig.

Mit dem Lehrer hatte ich keinen Kontakt, weil ich nach der zehnten Klasse nicht mehr zur Schule ging. Er meldete sich aber von sich aus und wollte gegen das Lied und seine Veröffentlichung vorgehen. Sein Argument war, dass das Stück in der Schule entstanden und daher geistiges Eigentum der Schule sei. Daraufhin fand eine Besprechung zwischen dem Lehrer und Francis, Day & Hunter statt, zu der ich nicht eingeladen wurde. Danach war der Lehrer mit allem einverstanden, bestand aber darauf, dass er treuhänderisch für die Schule als Textdichter eingetragen würde.

Fred vom Jupiter wurde ein gigantischer Hit und ist nach wie vor eines der bekanntesten Lieder aus der Zeit der Neuen Deutschen Welle. Ich habe viel Geld damit verdient, andere aber noch viel mehr. Es hat sich vielhunderttausend-, wenn nicht gar millionenfach in aller Welt in allen möglichen Formen und Formaten verkauft und wird nach wie vor im Radio gespielt, gerne nachts. Ich war immer davon ausgegangen, dass die GEMA-Einnahmen aus der Textdichtung meiner alten Gesamtschule zugutekamen, manchmal steigerte ich mich in Tagträume hinein, die von ganzen Gebäuden handelten, die für die Schule von diesem Geld gebaut wurden. Und als ich vor einigen Jahren in einer GEMA-Abrechnung einen neuen Namen in der Textdichter-Nennung entdeckte, dachte ich erst, jemand habe das Lied für eine Rap-Verwurstung missbraucht und forschte der Sache hinterher. Dabei stellte sich heraus, dass es der Name von einem der drei Mädchen war, die damals den Text geschrieben hatten. Ich nahm mit ihr Kontakt auf und erfuhr, dass sie und die beiden anderen Mädchen von dem Lehrer, der auch ihr Klassenlehrer gewesen war, außer einer kleinen Abschlagszahlung vor fünfundzwanzig Jahren nie mehr etwas bekommen hatten.

Ich ließ meinen Anwalt, Joern Zimmermann, auf die Sache los. Leider konnte nicht mehr sicher geklärt werden, wie viel Geld über all die Jahre an den Lehrer geflossen war, der Lehrer hatte angeblich keine Unterlagen mehr, meine waren bei einem Wasserschaden zerstört worden, Francis, Day & Hunter wollten nicht helfen und bei der GEMA kamen wir auch nicht weiter. Deshalb musste das geschätzt werden. Die geschätzte Summe wurde dann von dem Lehrer sofort und ohne weitere Umstände an die Mädchen bzw. deren Erben ausgezahlt. Er sagte, er habe ja bloß die Adressen seiner damaligen Schülerinnen nicht gewusst.

Die Otto-Hahn-Gesamtschule hat nie einen Pfennig bekommen. Die Sporthalle »Fred vom Jupiter« wurde also nie gebaut.

Die Guten-Morgen-Hose-Geschichte

Im Jahre 1984 war ich gerade frisch an der Münchner Filmhochschule angenommen worden und wollte eigentlich mit Musik nichts mehr zu tun haben, als mich der Filmregisseur Eckhart Schmidt ansprach, ob ich nicht für eine von ihm konzipierte Fernseh-Popshow etwa zwölf bis fünfzehn Minuten gestalten wolle. Außerdem würden in der Show die englische Band Spandau Ballet und ein englischer Dance-Act mit indischen Wurzeln vorkommen. Inhaltlich gab Eckhart Schmidt mir freie Hand, deshalb sagte ich zu. Ich fragte Holger Hiller, ob er mitmachen wolle. Holger war dabei. Ob die Idee, eine Kurzoper zu machen, von ihm oder von mir kam, weiß ich nicht mehr.

Die Sache lief so, dass Holger Hiller Textfragmente hatte. Wir dachten uns eine Story aus und stellten den darin vorkommenden Personen Cut-up-mäßig aus Holgers Textfragmenten ihre Arien zusammen. Die Handlung sollte in Moritatenform von einem Hosenchor erzählt werden und ging so: Ein junges Mädchen, die schöne Lucy, Tochter eines Teppichs, verliebt sich in eine Hose, doch der Vater ist gegen diese Verbindung und am Ende sterben alle.

Die Musik nahmen wir bei Ata Tak in Düsseldorf auf. Das Konzept hieß vereinfacht: Laien singen Oper. Holger und ich sangen den Hosenchor, eine Düsseldorfer Putzfrau sang die schöne Lucy, ein Pizzabäcker sang den Teppich und wer die Hose gesungen hat, weiß ich nicht mehr. Im Detail lief das so ab, dass wir den Sängern einen Schnaps und die Cut-up-Texte gaben und sie baten, sich vorzustellen, sie seien Opernsänger und müssten nun irgendwie auf Opernsängerart diesen Text singen. Weitere Vorgaben haben wir nicht gemacht. Erst danach haben wir die Gesänge mit Orchestersounds unterlegt.

Zusammen mit Catherine Lienert entwarfen wir das Bühnenbild, eine Küche, die von den Ausstattern des Südwestfunks Baden-Baden in einem dortigen Studio gebaut wurde. Dann reiste ich mit Holger Hiller, Catherine Lienert, Claudia Kaloff und Jäki Eldorado nach Baden-Baden, um die Sache aufzuzeichnen.

Wir arbeiteten viel mit Nebel. Claudia Kaloff agierte mit Maske als Lucy, während Holger, Jäki und ich die Hose, den Teppich und den Hosenchor an Nylonfäden zum Playback bewegten.

Der erste Tag lief eigentlich ganz gut, das Ganze wurde mit sechs großen, beweglichen Röhrenkameras aufgezeichnet, es ging gut voran und wir waren ziemlich zufrieden. Als wir aber aus der Mittagspause zurückkamen, teilte Eckhart Schmidt uns mit, dass die Kameraleute, größtenteils ältere Damen, die sich bis dahin nicht weiter bemerkbar gemacht hatten, die Arbeit niedergelegt hätten, weil sie »so einen Scheiß« nicht mitmachen wollten. Er schickte uns ins Hotel, er würde das klären, am nächsten Morgen ginge es weiter.

Wir waren pessimistisch und deprimiert und betranken uns, so gut es in Baden-Baden eben ging. Aber am nächsten Morgen rief Eckhart Schmidt an und sagte, dass die Dreharbeiten fortgesetzt würden. Wir gingen ins Studio und nahmen weiter die Oper auf. Dieselben Damen saßen an den Kameras und ließen sich nichts anmerken. Später brachten wir das Playback auf Platte raus, es erschien in Deutschland, in Holland und in Japan. Holger Hiller wollte es neulich wiederveröffentlichen, aber ich war dagegen. Die Show lief damals um 21.45 Uhr in allen Dritten Programmen. Spandau Ballet wurden Weltstars. Von den indischen Dance-Leuten habe ich nie wieder etwas gehört.

Die Schlag-dein-Tier-Geschichte

Im Jahre 1989 sollte ich an der Münchner Filmhochschule meinen Abschlussfilm drehen. Dafür stand mir ein Budget von zwanzigtausend Mark zur Verfügung. Ich wollte einen abendfüllenden Kinderfilm machen, der hieß »Der beste Hund der Welt«. Darin ging es um einen Jungen, der mit seinem Vater in ein Dorf zog, in dem alle anderen Kinder richtige Hunde hatten, nur unser Junge nicht, der hatte einen Holzhund auf Rädern. Deshalb lachten alle über ihn, aber am Ende rettete dieser Holzhund das ganze Dorf.

Ich fand für den Film auch gleich einen Produzenten, der war vorher bei der Taurus Film gewesen und hatte in der Tschechoslowakei diverse Märchenfilme realisiert. Er hatte gerade eine Millionenerbschaft gemacht und wollte sich als Filmproduzent selbständig machen. Dafür hatte er zwei Filme in der Pipeline und einer davon war meiner, er sollte in Bratislava gedreht werden, wo der Produzent einen Produktionsleiter kannte, der bereit war, für einen gebrauchten Volvo meinen Film seiner tschechoslowakischen Filmproduktionsfirma heimlich unterzuschieben. Von München aus fuhren wir Anfang November mit fünf Leuten dort hin: Ich als Regisseur, Jan Becker als Co-Autor, Moritz Reichelt als Setdesigner, Jacob Claussen als deutscher Produktionsleiter und Robert Knon als Repräsentant der Münchner Filmfirma. Wir wohnten in einem Interhotel und verbrachten etwa eine Woche mit Baubesprechungen, es gab erste Modelle vom Set, wir machten ein Kindercasting und waren gerade bereit, loszulegen, als die Mauer fiel. Wir schauten uns das im Fernsehen an und freuten uns wie die Schneekönige, bis uns klar wurde, dass damit unser Volvo-Mauschelgeschäft mit dem tschechischen Produktionsleiter hinfällig und »Der beste Hund der Welt« ein Opfer der Zeitgeschichte geworden war. Mit zwanzigtausend Mark war das Projekt unter Westbedingungen nicht zu schaffen. Das Budget der Filmhochschule war zudem termingebunden und drohte zu verfallen.

Trotzdem wollte ich jetzt nicht auf den letzten Drücker einen Kurzfilm machen. Die Münchner Filmhochschule hatte gerade ein neues, großes Studio und vom Bayerischen Rundfunk drei alte, ausgemusterte Fernseh-Röhrenkameras geschenkt bekommen. Deshalb schrieb ich mit Jan Becker eine Fernsehshow. Sie hieß »Schlag dein Tier« und darin sollten diverse Tiere in Quiz- und Geschicklichkeitsspielen gegen ihre Besitzer antreten, ein Schwein gegen einen Bauern im Witzeraten, eine Gans gegen eine Rockerbande im Geldstück-an-die-Wand-werfen, ein Bär gegen einen schwererziehbaren Jungen im Radfahren und so weiter. Ich wollte auf Länge kommen, deshalb erfanden wir noch die Schlagerwand: Der Gewinner eines Spiels durfte sich zur Belohnung von der Schlagerwand einen Titel wünschen, der dann in ganzer Länge als Musikvideo gezeigt wurde. Dazu tanzten dann Tiere und Menschen vereint im Studio. Für diese Schlagerwand konnte ich alle meine bis dahin gedrehten Musikvideos verwenden: Wenn die Tiere gewannen, und das war meist der Fall, wünschten sie sich immer einen Andreas-Dorau-Titel. Nur einmal gewann ein Mensch und durfte sich ein von mir selbstgebasteltes Bruce-Springsteen-Video aussuchen. Am Ende kam ich so auf fünfundvierzig Minuten Film. Ich hatte einige bekannte Schauspieler dabei, zum Beispiel Eva Pflug aus Raumschiff Orion, Kurt Schmidtchen aus Dieter Hallervordens Palim-Palim-Sketch und noch andere. Außerdem unterstützte mich ein Tiertrainer aus dem Münchner Umland, der neu im Geschäft war und alle Tiere, die wir brauchten, zur Hand hatte und umsonst zur Verfügung stellte. Bei den Dreharbeiten ging alles glatt, nur dass die Schweine immer sehr nervös waren und wir deshalb sogar einmal einen Drehtag abbrechen mussten, nur damit sie sich wieder beruhigten. Außerdem reichte das Geld nicht ganz, weshalb ich eine Produktionspause von einem halben Jahr einlegen musste, in der ich Geld als Minibarchecker und Beifahrer verdiente.

Als der Film endlich fertig war, führte ich ihn als Abschlussarbeit der Filmhochschule vor. Die Prüfer verließen am Ende wortlos das Kino und haben mit mir nie über das Werk gesprochen. Mein Abschlusszeugnis habe ich trotzdem bekommen. Später habe ich »Schlag dein Tier« in voller Länge als Traumsequenz in den Film »Die Menschen sind kalt« hineinmontiert und so kam er dann doch noch ins Kino.

Die Stoppt-Faschismus-Geschichte

In der zweiten Hälfte der 90er Jahre arbeitete ich einige Jahre als Videoberater in Hamburg am Holzdamm beim »Motor«-Label der Plattenfirma Polygram, die damals auch meine Platten herausbrachte, ich teilte mir ein Büro mit dem Internetbeauftragten Tim Lorenz und werkelte dort vor mich hin. Das waren die fetten Jahre der Plattenfirmen; Dance und Techno regierten die Charts, die alten Platten wurden als CDs noch einmal verkauft und die Polygram war als Marktführer ganz vorne mit dabei. Im Kühlschrank war immer Champagner und jede Woche gab es ein bis zwei Goldverleihungen. Beim Pförtner am Holzdamm konnte man alles, was man brauchte, mit einem Formblatt bestellen, egal ob Kugelschreiber, Radiergummis oder Alkohol. Er lieferte das dann. Wer im Einzelnen was bestellt hatte, wurde nie kontrolliert.

Auch der Jazz-Abteilung vom Motor-Label ging es prächtig, denn es war die Zeit des Easy-Listening-

Booms. So kam es, dass ich und die bei Motor für meine Platten zuständige Managerin Charlotte Goltermann auf einer Charts-Einstiegsparty der Jazz-Abteilung landeten, wo Erdbeerbowle ausgeschenkt wurde, ich weiß nicht mehr, warum, wahrscheinlich hatte es etwas mit dem Cover der Platte zu tun, deren Charts-Einstieg gefeiert wurde, vielleicht war es auch der Titel der Platte, aber irgendeinen inhaltlichen Zusammenhang zur Erdbeere wird es wohl gegeben haben. Wir jedenfalls immer fleißig dabei. Die anderen gingen irgendwann nach Hause, nur drei Leute blieben, die aber standhaft, nämlich ich, Charlotte Goltermann und Benjamin von Stuckrad-Barre, der damals gerade als Produktmanager in der Rockabteilung angefangen hatte, und als die Erdbeerbowle am Glockengießerwall, wo der Vertrieb saß und die Party stattfand, alle war, gingen wir über die Straße zum Holzdamm ins Gebäude von Motor Music und Karussell, wo die Champagner-Kühlschränke standen.

Damals war gerade die Gruppe »Rammstein« ganz groß im Kommen, deshalb gab es im Büro von Petra Husemann, einer Promoterin, die auch mit dem Labelchef verheiratet war, einen mannsgroßen Hinkelstein aus Hartplastik, einen Hingucker für die Plattengeschäfte, der sollte den Altberliner Toreinfahrts-Rammstein darstellen, nach dem sich die Gruppe angeblich benannt hatte. Mir war der Stein schon lange ein Dorn im Auge gewesen, aus zwei Gründen: Ich mochte die Gruppe nicht und war neidisch auf ihren Erfolg. Nachdem wir am Holzdamm noch einige Platten gehört und ein paar Flaschen Champagner getrunken hatten, war ich so aggressiv und aufgewühlt, dass ich den Rammstein packte, zum Fenster schleppte und ihn mit dem Ruf »Stoppt Faschismus« aus dem dritten Stock auf die Straße warf. Wir waren alle drei begeistert, aber dann hörten wir ein Reifenquietschen und hatten Angst, dass etwas passiert sein könnte. Da war die gute Stimmung hin und wir machten, dass wir wegkamen.

Als Charlotte Goltermann und Benjamin von Stuckrad-Barre am nächsten Morgen zur Arbeit kamen, lag der Rammstein noch immer auf der Straße. Sie schleppten ihn hinter ein Gebüsch und irgendwann war er dann ganz verschwunden, wohin auch immer. Petra Husemann hat nie nach ihm gefragt.

Hollywood

Sommer 1997: Ich hatte ein neues Album draußen, es hieß »70 Minuten Musik ungeklärter Herkunft«, und daraus sollte noch eine zweite Single ausgekoppelt werden, ein Lied namens »So ist das nun mal«, und da ich gerade, warum auch immer, bei der Plattenfirma gut angesehen war, bekam ich ein relativ hohes Video-Budget dafür. Regisseur sollte Martin Weiß sein, ein Werbefilmer, der in Los Angeles lebte und dort Videos für Puff Daddy und Aerosmith drehte. Er mochte mich gern und war bereit, auch für nicht ganz so großes Geld mit mir zu arbeiten. Da das Lied nach 70er Jahre klang, wollten wir das Video im Stil der Fernsehserie »Detektiv Rockford – Anruf genügt« drehen. Ich flog mit Charlotte Goltermann und Anne Schulte, die beide die Dreharbeiten betreuen sollten, nach Los Angeles. Wir checkten in das Hotel ein, in dem Janis Joplin gestorben war, und machten uns an die Arbeit. Zunächst versuchten wir, Schauspieler aus »Detektiv Rockford« zu finden, um sie in das Video einzubauen. Die Telefonate mit den Agenten führte Anne Schulte, weil sie von uns am besten Englisch konnte. Bei Stuart Margolin, der bei Rockford den Angel gespielt hatte, kamen wir nicht weiter, weil er an die Serie nicht mehr erinnert werden wollte. Noah Beery, der Rockfords Vater gespielt hatte, war schon tot und James Garner trauten wir uns schon gar nicht mehr anzurufen. Als auch noch die Produktionsleute von Martin Weiß sagten, dass sie beim besten Willen keinen metallicbraunen Pontiac Firebird 400 auftreiben könnten, war die Rockford-Idee gestorben.

Der Videodreh sollte aber innerhalb von zwei Tagen beginnen. Vor dem Hotel stand eine Palme. Das brachte mich auf die Idee, auf die Serie »Magnum« umzuschwenken, denn wo Palmen waren, da konnte man auch einen auf Hawaii machen. Anne Schulte telefonierte mit der Agentin von John Hillerman, der bei Magnum den Higgins spielte. Die Agentin war sehr freundlich und sagte, dass Hillerman für weniger als fünfzigtausend Dollar am Tag das Haus nicht verlassen würde. Wir dachten schon, das wäre das Ende, als die Produktion von Martin Weiß wieder anrief und sagte, dass das Detektiv-Rockford-Auto nun doch gefunden worden sei. Also kamen wir auf die ursprüngliche Idee zurück und verkleideten eine Produktionsleiterin als Rockford, indem wir ihr das entsprechende Sakko anzogen und Koteletten anklebten. Sie konnte dann nur in der Totale gezeigt werden, weil die Verkleidung aus der Nähe betrachtet nicht sehr überzeugend war. In einem Kostümfundus fanden wir außerdem ein großes Tierkostüm für Charlotte Goltermann, das ihrer Ansicht nach einen Hund, meiner Ansicht nach aber einen Bären darstellte. Für mich selbst gab es einen orangen enganliegenden Overall und einen gelben Pilotenhelm. Außerdem casteten wir einen älteren afroamerikanischen Schauspieler, der vom Aussehen her an Jeff Mills erinnerte und meinen Kumpel darstellen sollte. Für einen Flugzeugstunt gewannen wir für wenig Geld den Besitzer eines Kleinflugzeugs.

Die Story des Videos war eher diffus: Ich laufe in Overall und Helm durch Hollywood und suche mit einem James-Garner-Foto nach Rockford. Dann fahre ich mit meinem Kumpel auf einem Gepäckwagen über das Rollfeld eines Flughafens. Schließlich wollen mich einige aus dem Nichts kommende Gangster zusammenschlagen, aber der Bär kommt mit dem Auto angerast, verjagt die Gangster und rettet mich. Zwischendurch fliegt das Kleinflugzeug über unsere Köpfe hinweg. Der Pilot hat deswegen später seine Lizenz verloren, weil er keine Starterlaubnis hatte.

Das ist bis heute mein Lieblingsvideo. Das Bärenkostüm haben wir später nachgeschneidert und ich habe es lange Zeit auf der Bühne verwendet. Meistens musste Moritz Reichelt es tragen. Irgendwann haben wir es weggeworfen, weil es zu sehr roch und sich nicht reinigen ließ.

Meine Filmfestivals

Die Überschrift dieses Kapitels ist insofern irreführend, als ich überhaupt nur ein einziges Mal in meiner Karriere als aktiver Filmemacher auf ein Filmfestival eingeladen wurde. Das war glücklicherweise in meiner Zeit als Student an der Münchner Filmhochschule, denn dort waren alle anderen Studenten dauernd auf alle möglichen Filmfestivals eingeladen und schon aus Gründen des Neids und wegen eines möglichen Karriereschubs war es für mich damals wichtig, endlich auch einmal so eine Einladung bekommen zu haben und dadurch dann entdeckt zu werden – oder um wenigstens genauso angeben zu können, wie es die anderen Studenten auf das Penetranteste taten.

Das Filmfestival, auf das ich eingeladen wurde, war irgendwo in Süditalien, den Namen des Ortes habe ich vergessen. Wir fuhren dort mit vier Studenten hin, zwei männlich, zwei weiblich, außerdem war unser Professor dabei und der hatte sich als Saufkumpan noch einen bekannten Filmproduzenten mitgenommen. Wir flogen mit dem Flugzeug und wurden dann mit einem Shuttlebus durch eine trostlose Landschaft voller Bauruinen zu einem Hotel gefahren, das im Niemandsland stand. Von der Ortschaft, die das Festival ausrichtete, war weit und breit nichts zu sehen. Der Bus, der vom Hotel zu dieser Ortschaft fuhr, war für den Tag schon abgefahren. Der Professor und sein Saufkumpan, ein sehr unsympathischer und sehr hässlicher Mann, blieben gleich in der Hotelbar. Leider hatte ich zu den anderen Studenten wie so oft keinen Draht und die untereinander auch nicht, aber trotzdem gingen wir alle zusammen in eine nahegelegene Niemandslanddisco, um die Zeit irgendwie rumzubringen. Das ging so recht und schlecht. Immerhin konnte eine meiner Kommilitoninnen ein örtliches Liebestalent aufreißen, das sie aber einen Tag später, wahrscheinlich aus Karrieregründen, für den Rest der Reise gegen den Saufkumpanen unseres Professors eintauschte.

Am nächsten Tag sollte es dann endlich auf das Filmfest gehen und tatsächlich fuhr man uns mit einem Shuttle in den namensgebenden Ort und lud uns dort auf dem Marktplatz aus. Da war ordentlich was los, es gab Freigetränke und lange Ansprachen in fremder Zunge, denn es war bereits die Abschlussveranstaltung und die Preise wurden verliehen. Die gingen samt und sonders an amerikanische Blockbuster, die schon seit einem Vierteljahr in den Kinos liefen. Auf unsere Frage, wann denn nun unsere Filme eigentlich laufen würden, teilte man uns voller Begeisterung mit, dass die im Rahmen einer Sondervorführung am nächsten Tag zur Mittagszeit bei uns im Hotel gezeigt werden sollten. Und so kam es dann auch. Am nächsten Tag wurden wir in den Keller des Hotels geleitet, wo man unsere Filme etwa zwanzig zwangsverpflichteten Architekturstudenten vorführte. Zu diesem Zweck hatte man einen Vorratsraum bestuhlt und provisorisch mit einem Projektor und einer Leinwand ausgestattet. Die Zuschauer waren auch gleich die Jury, indem man ihnen je ein Kärtchen mit den Filmtiteln und einen Stift gegeben hatte, mit dem sie ihren Favoriten ankreuzen sollten. Die Filme waren englisch untertitelt, das hatte sich die Münchner Filmhochschule nicht nehmen lassen und das zahlte sich doppelt aus, einmal wegen der Sprachbarriere, zum anderen aber auch, weil der 35-mm-Projektor einen höllischen Krach machte. Gottseidank waren es alles Kurzfilme und die Sache war nach etwa einer Stunde ausgestanden. Es gab dann wohl einen Gewinner, aber ich kann mich nicht mehr erinnern, wer das war, ich war es jedenfalls nicht.

Wichtiger und auch bleibender in der Erinnerung war, was danach geschah. Der andere männliche Student nämlich hatte sich in eine Studentin verliebt, aber in eine, die nichts mit dem unsympathischen, hässlichen Filmproduzenten hatte, der seit drei Tagen mit dem Professor in der Hotelbar logierte. Diese Studentin hatte zu Hause einen festen Freund, aber mein Kommilitone hatte dennoch das völlig aus der Luft gegriffene Gefühl, von ihr eindeutige Signale empfangen zu haben. Da daraus nichts weiter folgte und all seine Bemühungen umsonst waren, hatte er sich in den Kopf gesetzt, sich umzubringen. In einer dramatischen Geste wollte er sich am Abend vor der Abreise während eines Essens in der Stadt, zu der der Flughafen gehörte, ins Hafenbecken stürzen. Ich und meine Mitstudentinnen hatten alle Hände voll zu tun, den wild um sich schlagenden, liebestollen Jungfilmer zurückzuhalten, während der Professor und sein Freund immer weiter die Weinkarte des Restaurants erforschten.

Ich musste dann noch eine schlaflose Nacht mit dem enttäuschten, unablässig weinenden Liebhaber im selben Zimmer verbringen. Danach haben wir uns nie wiedergesehen, aber etwa zwei Wochen später schickte er mir an meine Münchner Privatadresse ein Buchgeschenk mit einer Karte, auf der »Entschuldigung« stand. Das Buch gefiel mir gut. Der Kommilitone lebt heute noch und ist ein gefragter Vorabendfernsehschmunzelkrimiregisseur geworden.

Ansonsten wurde ich danach auf Filmfestivals nur noch als Juror eingeladen, und das ist mir auch lieber so.

Die Oper »Die Überglücklichen«

1985 wurde in München das Kulturzentrum Gasteig eröffnet. Deshalb rief mich Eckhart Schmidt zum zweiten und letzten Mal an, denn der Intendant war, wie man mir sagte, ein großer Fan meiner Oper »Guten Morgen Hose« und wollte gerne, dass ich etwas Ähnliches für die Experimentierbühne des Gasteigs inszenierte. Ich traf den Mann, der sehr aufgeschlossen war, und wir wurden uns schnell einig. Eckhart Schmidt vermittelte mir außerdem noch seine Tochter als Regieassistentin, gewissermaßen als Zeichen seines Vertrauens in das Projekt und mein Können im Allgemeinen.

Im Gegensatz zur Arbeit an »Guten Morgen Hose« wollte ich diesmal alles alleine machen, deshalb verzichtete ich von vornherein auf die Hilfe von Holger Hiller oder anderen Leuten. Ich ging ganz ähnlich vor wie bei »Guten Morgen Hose«: Ich kaufte mir von dem Gagenvorschuss eine Menge dadaistischer und surrealer Literatur aus den 20er und 30er Jahren, riss Seiten aus den Büchern, schnitt sie auseinander und montierte sie neu, bis ich nach einigen Tagen eine inhaltliche Partitur, so will ich das mal nennen, hatte. Damit fuhr ich nach Düsseldorf ins Ata-Tak-Studio und ließ das alles von Laiensängern nach Lust und Laune einsingen. Später habe ich diese Stimmen dann editiert und mit musikalischer Begleitung versehen. Das sollte als Playback laufen, dargestellt von zwölf bis fünfzehn Kindern, die ich mir von meiner Regieassistentin auswählen und engagieren ließ. Wichtig war dabei, dass die Kinder die Kunst des Playbacksingens beherrschten, und das taten sie. Die Proben liefen sehr gut. Leider merkte ich erst in ihrem Verlauf, dass die ganze Oper nur vierzig Minuten dauern würde, also nicht abendfüllend war. Deshalb fragte ich Romuald Karmakar, ob er nicht Lust hätte, seine ersten Super-8-Kurzfilme, in denen er Hitler als Freizeitmenschen darstellte, im Vorprogramm der Aufführung zu zeigen.

Am Morgen vor der Aufführung ereilte mich die Nachricht, das eins der Kinder, das zudem eine tragende Rolle spielte, mit schwerer Grippe im Bett lag. Eine Zweitbesetzung gab es nicht, deshalb entschloss ich mich, die Rolle selber zu spielen. Das Kostüm des Kindes passte mir natürlich nicht, deshalb suchte ich mir in letzter Sekunde aus irgendeinem Theaterfundus etwas aus, einen Reifrock aus Draht mit ganz vielen kleinen Glöckchen dran. Den trug ich dann als Tänzer mit nichts drunter, weil es sonst nicht gut aussah und man eigentlich wegen der vielen Glöckchen keine Einzelheiten erkennen konnte, wie mir meine Regieassistentin glaubhaft versicherte.

Die Aufführung fand vor restlos ausverkauftem Saal statt. Schon beim Vorprogramm gab es erste Tumulte: Die Hitler-Filme von Romuald Karmakar, aus denen er später sein Debüt »Eine Freundschaft in Deutschland« zusammenschnitt, kamen bei einigen Zuschauern nicht gut an und es gab lautstarke Proteste. Auch bei der Oper lief nicht alles glatt. Mein Auftritt im ersten Akt gefiel den Leuten nicht, wahrscheinlich lag das am Kostüm. Im zweiten Akt kam es zu Tumulten, als einige Leute den Bettlerchor, der von lebenden, auf die Bühne geworfenen Fischen dargestellt wurde, retten wollten. Wir mussten die Vorstellung unterbrechen, bis alle Bettler wieder im Wasser und alle Tierschützer wieder auf ihren Plätzen waren. Im dritten Akt sollte es eine Bücherverbrennung geben. Dazu hatte ich Bücher in Benzin getränkt und die Kinder sollten sie anzünden. Dazu kam es aber nicht mehr, weil plötzlich einige Leute vom Brandschutz die Bühne stürmten, den Kindern die Feuerzeuge entrissen und die Vorstellung für beendet erklärten.

Alle waren sauer auf mich. Ich ging traurig nach Hause.

Zwei Tage später kriegte ich drei Anzeigen: Eine wegen Tierquälerei, eine wegen versuchter Brandstiftung und eine, die ich bis heute nicht verstehe: Wegen angeblicher Entblößung vor den Kindern, weil ich unter dem Glöckchenrock nichts angehabt hatte. Irgendjemand behauptete, da etwas gesehen zu haben. Alle drei Sachen wurden dann gegen die Zahlung einer Geldbuße von dreitausend Mark nicht weiter verfolgt.

Heute glaube ich, dass ich bei diesem Projekt zwei Fehler gemacht hatte: Zum einen hatte ich etwas, das einmal gut gewesen war, nämlich »Guten Morgen Hose«, stumpf nachgeahmt, ohne dafür eine wirklich tragfähige Idee gehabt zu haben. Zweitens war ich so hochmütig gewesen zu glauben, ich könne eine Kunstform, von der ich nicht die blasseste Ahnung hatte, mal eben nach Schema F durchdeklinieren, die Leute dreist überrumpeln und damit auch noch durchkommen.

Insofern hätte die Oper lieber »Die Überheblichen« heißen sollen.

Die Beleidigung

Als Blümchen, die Sängerin, auf dem Höhepunkt ihrer Karriere war, wurde ich gefragt, ob ich mir vorstellen könne, bei einem ihr gewidmeten Remix-Tribute-Sampler mitzuwirken. Ich war natürlich ganz und gar nicht begeistert, aber der zuständige, extrem wortgewandte Produktmanager der Firma Edel Records schaffte es, mich mit allerlei Lügen, die anderen Mitwirkenden betreffend, zu ködern, er zählte die erste Garde der deutschen Elektronik-, Experimental- und Dance-Szene auf, warf mit Namen wie Holger Czukay, Mouse on Mars, Stockhausen und Whirlpool Productions um sich, bis ich total geschmeichelt war, dass er dabei auch noch an mich gedacht hatte. Geld gab es dafür nur wenig und ich wollte es für mich behalten, deshalb ging ich zusammen mit Anne Schulte zu Michele Avantario nach Hause, wo er einen uralten Computer stehen hatte, der dann auch nur Speicherkapazität für Samples von höchstens zwei Sekunden Länge hatte. Deshalb konnten wir von Blümchens Originalgesang immer nur ein, höchsten zwei Worte auf einmal sampeln und entsprechend experimentell und LoFi-mäßig fiel der Remix dann auch aus. Es war ein der versprochenen Gesellschaft würdiger Beitrag und hätte gut zwischen eine Blümchenproduktion von etwa K.-H. Stockhausen und György Ligeti passen können.

Umso erschütterter war ich natürlich, als ich das fertige Produkt in den Händen hielt und feststellen musste, dass nicht nur nicht die erste, sondern noch nicht einmal die zweite Garde der deutschen Elektronik-, Dance- oder Experimental-Szene am Start war, stattdessen die dritte und vierte Reihe, also die üblichen Indieverdächtigen sich hier ein Stelldichein gaben, die, die für eine schnelle Mark am Güterbahnhof stets zu haben waren.

Ich war damals bei Motor Music, einem Ableger der Deutschen Polydor, beschäftigt und lief wütend durch die Büros, um mich abzureagieren. Dabei traf ich auf einen jungen Praktikanten, der mich verstand und mir vorschlug, ihm dazu ein Interview für sein Fanzine zu geben. Da war ich schneller einverstanden, als er gucken konnte.

Einige Wochen später wurde ich von dem Labelchef in sein Büro gerufen. Er war wütend auf mich und wedelte mit einem Stück Papier herum. Was mir da wohl eingefallen sei?! Der Produzent von Blümchen, den ich im Übrigen aus meiner Kindheit kannte, weil er der Sohn des Fernsehmechanikers bei uns an der Ecke und mir schon damals verhasst gewesen war, sei außer sich, weil ich ihn in dem Fanzine-Interview schwer beleidigt hätte – ich hatte ihn mit Worten beschrieben, die ich hier aus juristischen Gründen nicht wiederholen darf. Was denn da in mich gefahren sei, der Mann sei schließlich ein Freund der Firma und den wolle man doch nicht verlieren und ob ich die Firma und damit vor allem ihn, den Labelchef, der doch auf seine Stelle angewiesen sei, in den Ruin treiben wolle. Er forderte mich auf, bei dem Fernsehmechanikersohn anzurufen oder wenigstens einen Entschuldigungsbrief zu schreiben. Was ich nicht tat. Später kam eine Anzeige und ich musste zweitausend Mark an eine gemeinnützige Einrichtung bezahlen. Der Labelchef wurde ein paar Jahre später trotzdem entlassen.

Student ohne Abitur

Nachdem ich mit sechzehn Jahren von der Schule gegangen wurde und nichts in der Hand hatte als einen Realschulabschluss und die Aussicht auf einen Megahit, von dem ich noch nichts wissen konnte, sorgten sich meine Eltern um mein weiteres berufliches Vorankommen und mein Vater besorgte mir eine Lehrstelle als Industriekaufmann bei einer Ölhandelsfirma. Das kam mir entgegen, denn schon bei der Berufsberatung hatte ich für meine Berufswahl nur einen Wunsch gehabt: Ich wollte einen Schreibtisch und ein Telefon. Leider war das nicht genug Ehrgeiz, um dauerhaft als Industriekaufmann zu bestehen, und schon nach kurzer Zeit fragte man mich, ob ich nicht auf Einzelhandelskaufmann umsatteln wolle, das würde mir vielleicht leichter fallen. Ich wollte aber lieber Industriekaufmann werden und konnte mich mit einem solchen Abstieg nicht anfreunden. Einen Monat später wurde Fred vom Jupiter ein Riesenhit und ich kündigte. Da saß ich nun als Popstar zu Hause, das Geld kam von allen Seiten rein, aber ein Unbehagen blieb, denn ein professioneller Musiker wollte ich nicht sein, den Gedanken, meinen Lebensunterhalt mit Musik zu verdienen, fand ich irgendwie abstoßend, nicht wegen des Geldes, sondern weil ich eben kein Musiker sein wollte. Dann kam irgendwann Albert Oehlen mit der Frage um die Ecke, warum ich nicht Kunst studierte, das sei doch genau das Richtige für mich. Wie er darauf kam, weiß ich nicht, wahrscheinlich hatte ich ihm erzählt, dass meine Mutter sich Sorgen um mich machte, und er wollte mir helfen. Vielleicht hatte sie ihn auch angerufen, ich würde ihr das zutrauen.

Bei der HfBK in Hamburg konnte man auch ohne Abitur studieren, wenn man irgendwie als besonders begabt galt. Einer der Professoren war mit Albert Oehlen befreundet und machte sich für mich stark. Außerdem kannten sie dort alle Fred vom Jupiter und das Ata-Tak-Label und auch deshalb hatte ich von vornherein gute Karten. Das Problem war nur, dass ich eigentlich ebenso wenig professioneller Künstler wie professioneller Musiker sein wollte. Ich fühlte mich mehr für die Mischformen zuständig, deshalb reichte ich eine Mappe ein, die sich mit der visuellen Umsetzung von Musik beschäftigte, also Entwürfe und Beschreibungen von Kostümen, Bühnenbildern, Videos und Covern enthielt. Damit wurde ich als Achtzehnjähriger Student an der HfBK, während meine ehemaligen, mir stets verhassten Mitschüler noch immer fürs Abitur lernen mussten. Das machte mich sehr zufrieden.

Nicht so zufrieden war ich mit dem Studium. Es war nicht mein Ding. Das Einzige, was ich toll fand, waren die Mittwochnachmittage, an denen Experimentalfilme vorgeführt wurden. Das Thema Film interessierte mich immer mehr. Leider gab es an der Schule nur zwei Kameras, die eine war immer kaputt und die andere immer ausgeliehen. Ich hatte aber Kontakt zu Leuten, die zur selben Zeit ein Filmstudium in München angefangen hatten und die mir von der dortigen Hochschule vorschwärmten. Da mir Hamburg damals gerade auf den Wecker ging, beschloss ich, nach München zu gehen und dort Film zu studieren.

Das Problem war, dass man an der Münchner Filmhochschule entweder Abitur haben oder Nachweise über drei Jahre Arbeit im Filmgeschäft vorlegen musste, um studieren zu dürfen. Deshalb sammelte ich bei Freunden allerlei Bescheinigungen über die Mitarbeit an allerlei Filmprojekten ein und legte sie meiner Bewerbung bei. Damit war ich, was das Abiturthema betraf, aus dem Schneider. Außerdem musste man eine Arbeit, d. h. ein Drehbuchtreatment und eine fotografische Szenenfolge zu einem vorgegebenen Thema, abliefern, in jenem Jahr war das »Illegale Ausländer in Deutschland«. Ich erfand die Geschichte einer Bananenkiste, die ein ahnungsloser Obst- und Gemüsehändler vom Großmarkt in sein Geschäft bringt und in der dann statt der erhofften Bananen ein Pygmäe sitzt, der dort aus Versehen beim Bananenverspeisen eingeschlossen und verschickt wurde. Dann musste ich monatelang Technik und Filmgeschichte lernen, um durch die mündliche und schriftliche Prüfung zu kommen, aber das machte mir nichts aus, denn ich wollte unbedingt da hin und das ist mir dann auch gelungen, nicht zuletzt, weil ich mich erkundigt hatte und wusste, dass einer der Prüfer totaler Howard-Hawks-Fan war. Deshalb hatte ich mich mit diesem Filmregisseur besonders ausführlich befasst und konnte mich gut bei ihm einschleimen.

Meine Kurzfilme

An der Filmhochschule in München musste man natürlich auch Filme drehen. Im Laufe des Studiums wurde erwartet, dass man eine sogenannte Gruppenproduktion mitmachte sowie eine Kameraübung und zwei Kurzfilme schuf. Und den Abschlussfilm, aber davon im nächsten Kapitel.

1. Die Gruppenproduktion

Die Gruppenproduktion war gleich das Schlimmste. Die einzelnen Jobs wurden ausgelost. Ich hatte das größte Pech und wurde Tonassistent. Da das Thema »Hexenverfolgung im Mittelalter« war, stand ich vierzehn Tage lang bei Nieselregen und Temperaturen knapp über dem Gefrierpunkt mit einem Mikrofongalgen im Bayerischen Wald herum. Auch sonst war alles so, wie es schlimmer und klischeehafter nicht sein konnte: Die Hauptdarstellerin hatte Sex mit dem Regisseur, der Kameramann hatte ein Alkoholproblem und lief vom Set davon, es gab Weinkrämpfe, Saufgelage, Gruppendynamik und, als Allerschlimmstes, ein sogenanntes Bergfest. Das Bergfest ist die verlogenste Veranstaltung im Filmgeschäft überhaupt, bei der alle, die sich im Laufe der ersten Hälfte der Dreharbeiten gründlich hassen gelernt haben, plötzlich einen auf Verbrüderung und Best Friends Forever machen. Ich war froh, als der Film abgedreht war, aber ich hatte mich zu früh gefreut, denn als Strafe dafür, dass ich dem Regisseur einmal widersprochen hatte, musste ich die Kabel zum Geräteverleiher zurückbringen. Die waren natürlich durch die vierzehn Tage im Bayerischen Wald total verdreckt, und so musste ich einen Tag lang auf dem Hof des Geräteverleihers stehen und die Kabel mit einem nassen Schwamm saubermachen. Aber danach ging es deutlich bergauf: Der Produktionsleiter des Films, ein älterer Student, der auf diese Weise seine Schulden bei der Hochschule abarbeitete, fragte mich, ob ich nicht auch die Musik für den Film machen wolle, es gebe dafür ein Budget von fünfzehntausend Mark. Ich sagte zu, forderte aber zwanzigtausend Mark, weil ich ja Mittelaltermusik mit richtigen Mittelaltermusikern aufnehmen müsse und sowas aufwendig und teuer sei. Das ging klar und ich sagte zu.

Ich fand einen Mittelaltermusiker, den ich mit allerlei Versprechungen überreden konnte, mir seine Plattensammlung zu Recherchezwecken auszuleihen. Ich flog mit den Platten nach London zu Holger Hiller. Zusammen sampelten wir uns die schönsten Passagen von den Platten herunter und montierten sie zu etwas Neuem. Mit der Musik ging ich zurück an die Hochschule und alle waren zufrieden. Den Rest des Geldes behielt ich. Bei der einzigen Vorführung des Films wurde ich, weil alles andere so grottenschlecht war, sogar für die Filmmusik gelobt.

2. Die Kameraübung

Bei den weiteren Filmen war ich selbst am Drücker. Trotzdem ergaben sich einige Probleme, und mein erstes und wichtigstes Problem beim Filmemachen war und ist, dass ich Schauspieler nicht mag. Sie sind peinlich und suchen nach Anerkennung und Liebe, die ich ihnen nicht geben kann. Außerdem wollen sie immer wissen, was sie machen sollen und worum es bei dem Film geht. Sie geben sich mit Regieanweisungen wie, »Heb einfach den Hörer ab und guck aus dem Fenster«, in der Regel nicht zufrieden. Deshalb habe ich meinen ersten eigenen Film, die verlangte Kameraübung, ganz ohne Schauspieler gedreht. Ich war großer Bewunderer der Düsseldorfer Künstlergruppe Normal und hatte zugleich über Frank Fenstermacher und Moritz Reichelt gute Kontakte dahin. So konnte ich mir von Jan Knap zwölf Ölgemälde ausleihen, die alle zwei mal zwei Meter groß waren und die Heilige Familie in Alltagssituationen zeigten. Die Bilder fuhr Frank Fenstermacher mit einem Transporter von Düsseldorf nach München. Dort drehte ich mit ihm und einem Kameramann in meiner Wohnung den Film, der keine spezielle Handlung hat, sondern in einer losen Folge Szenen aus dem Leben der Heiligen Familie zeigt. Eine gewisse Bewegung bekam der Film dadurch, dass ich viel mit Überblendungen und Doppelbelichtungen arbeitete. Trotzdem handelt es sich um ein eher stilles, kontemplatives Werk.

3. »Die kleine Frau«

Beim nächsten Film, einem richtigen Übungsfilm namens »Die kleine Frau«, löste ich das Schauspielerproblem so, dass ich die Freundin meines damaligen Mitbewohners zur Hauptdarstellerin machte und ihr eine Maske aufsetzte. Die Maske stellte das Gesicht von Zahni dar, einer von Milan Kunc, ebenfalls Gruppe

Normal, erfundenen Figur mit einem übergroßen Gesicht und einem großen, einzelnen Zahn, der nach oben aus dem Mund heraus bis unter die Augen ragt. Das Bühnenbild für den Film baute mir Moritz Reichelt in einem an die Bilder der Gruppe Normal angelehnten Stil.

Die Story des Films ist schnell erzählt: Eine junge Frau lebt ein trostloses Leben. Sie verdient ihr Geld mit Stempelarbeiten in einem Großraumbüro. Dann aber kommt ein junger Mann, der sie auf Händen trägt und über Leitern mit ihr in den Himmel aufsteigt.

Den jungen Mann spielte ich selbst, weil ich keine Lust hatte, mir noch einen Darsteller ans Bein zu binden. Die Hauptdarstellerin, Sabine Hannen, war keine Schauspielerin, das war schon mal gut, zumal es in dem Film auch keine Dialoge gab. Schlecht war aber, dass sie durch die Latexmaske kaum Luft bekam, sehr stark schwitzte und vor allem nichts sehen konnte. Wegen der Luft und der Schwitzerei mussten wir dauernd pausieren. Und weil sie nichts sah, war ihr Gang unsicher, sie griff an den Papieren, die sie abstempeln sollte, vorbei, ebenso an Türklinken oder am Stempel selbst, obwohl das ein Riesenstempel war, über einen halben Meter hoch, den ich mir aus dem Schaufenster eines Schreibwarenladens ausgeliehen hatte. Deshalb verbrauchten wir Unmengen von teurem 35-mm-Filmmaterial, bis wir endlich alle Szenen einigermaßen im Kasten hatten.

Eine Besonderheit von »Die kleine Frau« ist, dass der Film nicht nur ohne Dialoge, sondern auch ohne Geräusche auskommt. Es gibt nur Musik. Auf diese Weise habe ich mir die Tonleute und die Geräuschemacher erspart. Die Kamera arbeitet nur mit festen Einstellungen, es gibt keine Kamerafahrten und keine Kameraschwenks.

Trotzdem wurde der Film doppelt so teuer wie geplant. In so einem Fall musste man bei der Filmhochschule Schulden machen und das Geld dann irgendwann zurückzahlen. Das sollte später schlimme Folgen haben.

4. »Laika und ihre Freunde«

Mein zweiter Übungsfilm für die Filmhochschule München war zugleich eine Auftragsarbeit für den Bayerischen Rundfunk. Der hatte nämlich dem ganzen Jahrgang eine Aufgabe gestellt: Jeder der etwa zwanzig Studenten sollte einen Dreiminutenfilm zu dem Thema »Du musst dein Leben ändern« drehen und der BR wollte die Kurzfilme dann später zu einem langen Riemen zusammenmontiert im Dritten Programm zeigen.

Wir bekamen jeder dreitausend Mark in die Hand. Als das Abgabedatum näherrrückte, stellte ich plötzlich fest, dass von dem Geld nichts mehr da war. Und weil ich bei der Hochschule vom letzten Film noch Schulden hatte, konnte ich sie nicht um einen weiteren Kredit bitten. Ich trieb ein paar Meter Filmmaterial auf und nahm mir vor, damit sparsam umzugehen. Deshalb verzichtete ich wieder auf Schauspieler und Handlung, außerdem auf Beleuchtung und Geräusche. Also alles fast wieder wie bei meinem ersten Film. Aber diesmal hatte ich eine andere Idee: Ich arbeitete nicht mit Ölbildern von Jan Knap, sondern mit Briefmarken aus aller Welt, die ich paketweise in großen Mengen in Bahnhofsnähe kaufte. Der Film hieß »Die Laika und ihre Freunde« und erzählt die Geschichte des Mannes und seiner Interessensgebiete Hunde, Frauen und Kunst von den Anfängen der Menschheit bis heute. Die Briefmarken liefern dazu die Bilder. Der Film illustriert den Drang des Mannes, sich die Welt untertan zu machen, angefangen mit dem Hund als seinem domestizierten Freund, dargestellt durch Briefmarken mit der russischen Weltraumhündin Laika. Die Unterdrückung der Frau durch den Mann wird mit einigen Briefmarken mit Frauenmotiven illustriert und zum Schluss geht es um die Kunst, indem man einige Kunstmotive zu sehen bekommt und somit der künstlerische Schaffensdrang des Mannes in die Kontinuität seines aggressiven Eroberungsdrangs gestellt wird, endend mit einem Bild des gescheiterten Künstlers Adolf Hitler auf einer Briefmarke des »Dritten Reichs« als mahnendem Beispiel für die schlimmen Folgen, die sowas haben kann. Den erklärenden Text sprachen Freunde von mir in verteilten Rollen, geschrieben hatten ihn Albert Oehlen und ich. Um den Briefmarken Leben einzuhauchen, entwickelte ich mit dem Kameramann einige simple Techniken der Bewegung, wir ließen sie auf einem Plattenteller rotieren, verformten sie durch Hitze, filmten sie mal unscharf, mal scharf, was immer es brauchte, um etwas Dynamik in die Sache zu bringen. Als Höhepunkt geht die Hitlerbriefmarke am Ende in Flammen auf.

»Die Laika und ihre Freunde« ist derjenige von meinen Filmen, der mir heute noch am besten gefällt.

Die Chartpowergimmickgeschichte

Als ich in den frühen 90er Jahren als Künstler bei der Polydor unter Vertrag war, wurden die Musikcharts noch nicht über die tatsächlichen Verkäufe und die Computerkassen in den Plattenläden ermittelt, sondern von den Plattenhändlern oder ihren Angestellten durch Formulare bestimmt, in die sie eintragen konnten, was sie wollten. Deshalb gab es ein florierendes Bestechungswesen, bei dem die Plattenfirmen die maßgeblichen Händler und deren Angestellte von allen Seiten mit Geschenken bedrängten. Bei der Polydor schwankte der erlaubte Betrag pro Bestechungsgeschenk, das hier »Chartpowergimmick« hieß, zwischen fünf und fünfundzwanzig Mark. Als ich die LP »neu!« mit der Singleauskopplung »Stoned Faces Don't Lie« veröffentlichte, genehmigte man mir nur ein Budget von fünf Mark pro Gimmick, während alle anderen Künstler um mich herum die vollen fünfundzwanzig Mark bekamen, weil der Labelchef vor den anderen

Künstlern bzw. deren Managements mehr Angst hatte als vor mir. Im Namen anderer Künstler wurden also Dinge wie Bademäntel, Jeans, Rotwein, Whisky, Handtücher, Armbanduhren, Fahrräder, CD-Spieler und was weiß ich nicht alles verschenkt, von mir sollten die Plattenhändler aber aufgrund der feigen Knausrigkeit des Labelchefs nur eine kleine Box mit Weingummi-Smileys bekommen, weil er und seine Frau da irgendwie einen Zusammenhang zum Titel Stoned Faces Don't Lie sehen wollten.

Das machte mich neidisch und wütend und auch Charlotte Goltermann, meine Plattenfirmenmanagerin, wollte sich das nicht gefallen lassen, aber alles Einfordern eines höheren Chartpowergimmickbudgets, das doch mehr als alles andere auf der Welt für den Erfolg oder Misserfolg meiner Single verantwortlich war, wurde kalt lächelnd abgeschmettert. Da wussten wir, dass wir die Sache von einer anderen Seite her angehen mussten: Wenn schon kein Geld da war, dann sollten wenigstens Stil und Klasse her, die Smileys waren jedenfalls einfach nur peinlich.

Sowohl Charlotte wie auch ich waren mit 4000 bekannt und befreundet, einem Hamburger Künstler, der berühmt dafür war und ist, Kunst für jeden und für jedes Budget zu schaffen. Außerdem hatten wir durch einen Zufall herausgefunden, dass die Postversandkosten bei der Polygram nicht von den einzelnen Projekten, sondern aus einem Budget des ganzen Konzerns beglichen wurden. Was immer wir also für den Postversand ausgeben würden, war nicht rückverfolgbar. Deshalb besorgten wir uns aus dem Gartencenter zweihundert je etwa ein Kilogramm schwere Gartensteine für insgesamt dreißig Mark und ließen sie von 4000 mit Gesichtern bemalen. Dann packten wir sie ein und ließen sie vom Postversand für ein Schweinegeld per Express versenden, damit sie noch rechtzeitig vor dem Charttippen bei den Plattenhändlern ankommen würden.

Die Single ging leider trotzdem nicht in die Charts.

Die psychedelischen Nazizwerge

Ende der 80er Jahre war die damalige Freundin von Moritz Reichelt Leiterin des Stuttgarter Kunstvereins. Der plante ein Faschingsfest und sie fragte mich, ob ich da nicht auftreten wolle. Ich sagte zu, weil ich für Kostümpartys immer schon eine Schwäche hatte, schon als Kind im faschingsfeindlichen Hamburg, wo das eher verpönt war, mir egal, ich ließ mich davon nie abhalten und ging nicht nur als Cowboy und Seeräuber, sondern auch einmal als Ingrid Steeger in ihrer Rolle als Nummerngirl in »Klimbim«. Deshalb wollte ich bei der Stuttgarter Kunstvereinsfaschingsparty auch nicht als Andreas Dorau auftreten, sondern mich ebenfalls verkleiden. Die Band musste dabei natürlich mitmachen. Es gab allerdings keine Gage, nur die Reisekosten, deshalb konnten wir uns keine teuren Kostüme leisten. Wir nannten uns Die psychedelischen Nazizwerge, dafür brauchten wir nur Zwergenhut und Hitlerbart.

Wir fuhren also mit dem Zug nach Stuttgart, gingen auf das Kostümfest und spielten als Nazizwerge verkleidet fünf Dorau-Stücke, leider ziemlich schlecht, weil zwei von uns mit einem späteren Zug gekommen waren und die ganze Fahrt von Hamburg nach Stuttgart damit zugebracht hatten, im Speisewagen zu sitzen und Bier zu trinken. Wir wurden ausgebuht, Die psychedelischen Nazizwerge kamen bei den Faschingsleuten nicht gut an, warum, weiß ich nicht, an der Verkleidung kann es nicht gelegen haben, weil doch alle anderen auch verkleidet waren, darunter ein Pärchen, das mir als Klaus und Klaus vorgestellt wurde, dabei aber nicht die beiden Popstars von der Nordseeküste darstellte, sondern eine doppelte Version von Klaus Nomi.

Alkohol in München

Als Kind und Jugendlicher habe ich nie Alkohol getrunken. Ich mochte das nicht und fand betrunkene Leute abstoßend. Aber als ich nach München kam, war ich ja Student und musste genauso Alkohol trinken wie alle anderen Studenten auch. Das hatte einige Vorteile, vor allem den, dass ich mich unter Alkoholeinfluss traute, Mädchen anzusprechen und Mädchen, die mich ansprachen, in ganzen Sätzen antworten konnte. Aber es gab auch Nachteile. Ich war nicht nur schneller betrunken als die anderen, ich trank auch mehr und hörte eigentlich niemals auf. So kam es zu einigen unangenehmen Erlebnissen, zum Beispiel wenn ich betrunken die Taxitüren zu früh öffnete und damit am Straßenrand geparkte Autos beschädigte. Zweimal fuhren auch andere Autos die Tür vom Taxi ab, das war dann besonders peinlich. Zum Glück hatte ich mit Fred vom Jupiter so viel Geld verdient, dass ich den Schaden auch dann bezahlen konnte, wenn meine

Haftpflichtversicherung dazu nicht bereit war. Von den Taxifahrern und anderen Autofahrern hatte ich nichts zu befürchten, München war eine softe Stadt und für Dinge, für die man in Hamburg übelst verprügelt worden wäre, hatte man hier immer wieder Verständnis, die Hilfsbereitschaft betrunkenen Menschen gegenüber kannte kaum Grenzen. Kein Wunder, dass ich immer weitermachte, auch wenn es mir nicht besonders guttat. Die schönste Sache beim Trinken waren die Biergärten, von denen ich den am Chinaturm am liebsten mochte, dort hatten sie eine Kapelle, die eine schöne Blasmusikversion von Ghost Riders In The Sky spielte, das war für mich immer der Höhepunkt des Besuchs. Aber um zehn Uhr abends schloss der Biergarten und die Discos machten immer erst um Mitternacht auf, da waren dann zwei Stunden irgendwie rumzubringen, ohne dass der Pegel fiel. Meist hielt ich mich zusammen mit einigen Kumpels durch Norgerltrinken bei Laune, das ist, wenn man nach Biergartenschluss die Reste in den Gläsern bereits gegangener Gäste zusammenkippt und damit weitermacht. Das ging im Chinaturm-Biergarten besonders gut, weil die Belegschaft dort sehr langsam in ihren Bewegungen war und die verwaisten Maßkrüge lange stehen ließ. Beim Norgerltrinken wurde ich oft aggressiv und kriegte dann einen unbändigen Hass auf die

Münchner Schickeria, dem ich öfters durch das Hineinpinkeln in die am Heimwegesrand geparkten, offenen Cabriolets Ausdruck verlieh. Das wurde irgendwann zu einer Obsession. Unglücklicherweise wurde ich nie erwischt und trieb das Urin-Spiel immer weiter und zu immer neuen Extremen, bis ich einmal mit einem meiner Norgerltrinkkumpanen bei einer sehr netten Familie zum Abendessen eingeladen war und wir uns einen Spaß daraus machten, bei diesen Leuten statt in die Toilette ins Waschbecken zu pinkeln. Leider war bei diesem Waschbecken der Abfluss verstopft und es blieb bis zum Rand mit Urin gefüllt. Das ganze Abendessen hindurch hatte ich Angst, dass einer der Gastgeber das entdecken würde. Das war schlimm und es war mir eine Lehre; von diesem Moment an machte ich das nie wieder, auch nicht mit den Cabriolets der reichen Leute.

Aber der Alkohol schaffte noch ganz andere Probleme: Alkoholtrinken verschärfte meine Unfähigkeit, mir Straßennamen zu merken und wenn ich was intus hatte, konnte ich überdies kaum reden. Und weil ich in München dauernd umzog, je nachdem, wer wo gerade ein Zimmer für mich frei hatte, fand ich oft nicht nach Hause, gerade mit Taxis nicht, weil ich die Adresse nicht mehr wusste oder nicht mehr aussprechen konnte oder beides. Als wahrer Glücksfall erwies sich nur einmal eine Wohnung, die lag über einer Kneipe namens »Zum Zum«, und egal wie viel ich getrunken hatte, ich konnte immer in ein Taxi steigen und sagen: »Summ Summ Summ«.

Das wäre alles nicht so schlimm gewesen, wenn mein Studium nur die üblichen vier oder fünf Jahre gedauert hätte. Bei mir aber dauerte es doppelt so lange, weil ich wegen meiner Budgetüberschreitungen pausenlos bei der Filmhochschule verschuldet war und das Geld mit studentischen Hilfsjobs abstottern musste. Deshalb erstreckten sich mein Studentendasein und der damit verbundene studentische Alkoholismus über zehn lange Jahre. Aber irgendwann kriegte ich doch meinen Abschluss und konnte zurück nach Hamburg gehen und damit war dann der Spuk vorbei.

Idole

Ich habe nur ein einziges Mal als Fan jemanden besucht und bin nicht enttäuscht worden. Das war bei meinem Besuch bei Ata Tak im Jahre 1980. Danach habe ich noch einige Male versucht, mit Menschen, die ich bewunderte, Kontakt aufzunehmen.

a) Roy Wood

Mitte der 80er Jahre arbeitete ich an den Stücken für das spätere Album »Demokratie«. Es ging nur sehr mühsam und schleppend voran, deshalb überlegte ich, dass ich einen Außenstehenden als Hilfe gut gebrauchen konnte, einen Produzenten, und weil ich gerade eine große Liebe zur Musik der späten 60er Jahre entwickelt hatte, war Roy Wood, der Gründer von The Move und später auch des Electric Light Orchestras, eines meiner großen Idole. Er hatte eines meiner Lieblingslieder geschrieben, »I Wish It Could Be Christmas Every Day«, ein Titel, der mir aus dem Herzen sprach und alles, was ich vom Leben wollte, auf den Punkt brachte. Ich hatte einen Freund, der bei der englischen Polydor arbeitete und der wiederum einen Freund hatte, der mit Roy Wood befreundet war. Der machte für mich einen Termin bei ihm klar. Roy Wood befand sich gerade in Birmingham im Studio der Gruppe UB 40, die ich zutiefst verabscheute. Er hatte lange toupierte Haare und einen Rauschebart und trug einen roten Wollpullover, in dessen Vorderseite man sein Gesicht hineingestrickt hatte, zusammen mit der Aufschrift »Roy«, die sich auch auf beiden Ärmeln wiederfand. Es war mittags, er roch nach Bier und war sehr nett. Ich spielte ihm meine neuen Stücke vor, die ihm gut gefielen, weil sie ihn, wie er sagte, an Zappa erinnerten, den ich überhaupt nicht ausstehen konnte. Dann spielte er mir seine neuen Stücke vor und ich fand sie ganz schrecklich, weil sie mich an Phil Collins erinnerten, den ich mehr noch verabscheute als UB 40. Wir sprachen eine Weile über dies und das und er schwärmte mir von Phil Collins vor. Die Produktion meiner Platte wollte er für zehntausend Pfund gerne übernehmen, aber das war nicht das, was ich mir vorgestellt hatte, in meiner Welt bekam man für das Produzieren von Platten kein Geld oder wenn, dann nur hinterher und wenn etwas übrigblieb. Irgendwann schüttelten wir uns die Hände, verabschiedeten uns voneinander und ich versprach, mich zu melden, was ich dann nie getan habe.

b) Peter Thomas

Etwa ein Jahr später arbeitete ich immer noch an der »Demokratie«-LP und war kein Stück weitergekommen. Da erzählte mir Kurt Dahlke, dass in der Woche zuvor Peter Thomas, der große deutsche Filmkomponist der 60er und 70er Jahre, bei Ata Tak im Studio zu Besuch gewesen war, weil er sowohl die Musik von Der Plan wie auch meine Musik ganz toll fand und gerne mal mit uns zusammenarbeiten wollte. Ich war begeistert, weil ich ein Riesenfan von Peter Thomas war, vor allem seine Musiken für die Edgar-Wallace-Filme und die »Raumpatrouille« hatten es mir angetan. Ich ließ mir die Telefonnummer geben, rief ihn an und machte einen Termin bei ihm zu Hause aus. Dazu muss man sagen, dass Peter Thomas drei Wohnsitze hatte, einen in St. Tropez, einen in Kitzbühel und noch einen irgendwo, ich habe es vergessen. Er war ein Jetset-Mann, wie er im Buche stand, und seine Frau war Society-Journalistin. Zu meinem großen Glück war er gerade in Kitzbühel, das war nicht weit von München entfernt. Ich hatte keinen Führerschein, deshalb überredete ich Jakob Claussen dazu, ein Auto zu mieten und mit mir nach Kitzbühel zu fahren. Peter Thomas öffnete uns in einem schwarzen Rollkragenpulli mit riesiger Silberkette darüber. Wir setzten uns zu ihm auf die Couchgarnitur und unterhielten uns ein bisschen über dies und das. Irgendwann und sehr überraschend fragte er mich, ob ich gedient habe. Das fand ich seltsam und ich redete mich irgendwie raus. Wegen der Musik waren wir uns schnell einig, er fand alles ganz großartig, hatte auch schon einige Ideen und wollte mir mal Sachen schicken, zum Anhören und so weiter. Auf dem Rückweg hielten wir an einer Tankstelle und ich musste feststellen, dass mein Portemonnaie verschwunden war. Im Auto war es auch nicht. Wir fuhren also zurück zu Peter Thomas und fragten ihn, ob ich es vielleicht bei ihm liegen gelassen hätte. Er ließ uns nicht mehr ins Haus und meinte, da sei kein Portemonnaie.

Die Sachen, die er mir schicken wollte, kamen nie an, und ich habe nie wieder etwas von ihm gehört.

c) Dieter Bohlen

Ich war Mitte der 90er Jahre einmal mit einigen Ravern in Bremen auf einer »Warp«-Labelnacht, und als wir gegen vier Uhr morgens wieder nach Hamburg fuhren, waren wir gut drauf, und als wir auf der Autobahn an die Abfahrt nach Tötensen kamen, beschlossen wir, Dieter Bohlen einen Fanbesuch abzustatten. Wirklich bekannt waren wir mit Dieter nicht und hatten deshalb auch nicht seine genaue Adresse, aber ich benutzte immerhin sein Parfüm »Provocation«, und in Tötensen gab es einen, der um diese ungewöhnliche Zeit noch mit seinem Hund spazieren ging und uns eine Wegbeschreibung zu Dieter Bohlens Haus geben konnte. Wir fuhren bei ihm vor, klingelten und riefen seinen Namen, aber niemand meldete sich und es ging im Haus auch kein Licht an. Wir verloren die Lust an der Sache und fuhren wieder weg. Nach einigen Kilometern merkten wir, dass wir unsere einzig verbliebene Bierdose auf Dieter Bohlens Gartenzaunpfosten stehen gelassen hatten. Weil es zu dieser Uhrzeit nirgendwo, nicht einmal an den Tankstellen, Bier zu kaufen gab, fuhren wir schnell zurück, um die Dose zu holen, denn sie war zwar angebrochen, aber noch zu drei Vierteln voll. Aber als wir wieder bei dem Haus ankamen, war sie verschwunden.

d) Bryan Ferry

Ich war mit einigen Freunden um das Jahr 2000 herum einmal bei einem Roxy-Music-Konzert in Hamburg und wir wollten danach unbedingt Bryan Ferry kennenlernen. Justus Köhncke kam auf die brillante Idee, alle großen Hamburger Hotels anzurufen und eben nicht nach Bryan Ferry, sondern nach Andy Mackay zu fragen, damit keiner Lunte roch. Und tatsächlich fand er auf diese Weise heraus, dass die Band im Hotel Atlantic abgestiegen war und dort später erwartet wurde. Unser Taxi kam zeitgleich mit der Roxy-Music-Limousine dort an. Leider konnte ich mich nicht beherrschen und schrie beim Anblick von Bryan Ferry so laut los, dass das Hotelpersonal ihn sofort in einer extra für ihn freigeräumten Bar vor mir in Sicherheit brachte, während wir nur in der normalen Bar des Atlantic sitzen durften. Da waren die anderen natürlich total sauer auf mich, weil ich ihnen mit meinem Junge-Mädchen-Geschrei die Tour vermasselt hatte. Zum Glück fand Justus Köhncke heraus, dass es einen Weg gab, der nicht nur zu den Toiletten, sondern – wie zufällig – auch durch Bryan Ferrys Privatbar führte. Diesen Weg nahmen wir dann immer, wenn wir aufs Klo mussten. Auf diese Weise konnten wir Bryan Ferry wenigstens im Vorübergehen zuwinken. Justus schaffte es irgendwann sogar, ihn anzusprechen und ihm davon zu erzählen, wie Whirlpool Production einmal ein Sample von Roxy Music in einem ihrer Songs verarbeitet hatten. Bryan Ferry fragte, ob das dann erfolgreich gewesen sei. Justus verneinte und Bryan Ferry lachte schadenfroh. Das fand ich gut.

Irgendwann war er dann verschwunden und ich klaute den Hotelaschenbecher mit seinen Zigarettenstummeln. Den habe ich heute noch.

Blumen und Narzissen – Der Kinderstar der Neuen Deutschen Welle

a) Die Platte

Fred vom Jupiter war nur als Single gedacht und in meinen Augen eine One-Off-Geschichte, die auf keinen Fall zu einem Album führen sollte. Auf diesen Kram hatte ich keine Lust, Single, Album, Tournee, das war doch alles Schnee von gestern, Fred vom Jupiter außerdem ein zweifelhafter Hit, ein Ausrutscher, der keine Nachfolger haben sollte, weil sowas nur zu noch größeren Peinlichkeiten führen würde. Viel lieber wollte ich, das war mein Generalplan, auf jedem deutschen Indie-Label genau eine Single veröffentlichen. Fred vom Jupiter war nach Der lachende Papst, der bei ZickZack erschienenen Debüt-Single, eigentlich nur das zweite Glied in dieser langen Kette. Ich war bereits mit dem Düsseldorfer Label Rondo und dem Berliner Label Moabit im Gespräch, als ich, und jetzt wird es eben leider ein bisschen inkonsequent, die Gruppe Fähnlein Fieselschweif kennenlernte und damit zum ersten Mal mit Musikern in Berührung kam, die genau so jung waren wie ich. Mit denen wollte ich dann doch eine Band machen, schon um nicht mehr immer so allein unter Älteren zu sein. Im Urlaub mit meinen Eltern auf einem Bauernhof am Chiemsee hatte ich einige Stücke auf einem kleinen monophonen Keyboard geschrieben, und mit denen und Fähnlein Fieselschweif ging ich noch in der zweiten Hälfte der Ferien ins Ata-Tak-Studio nach Düsseldorf, wo wir in Schlafsäcken schliefen und die Songs einübten. Frank Fenstermacher kam irgendwann dazu, fand alles prima und schlug vor, gleich ein Album aufzunehmen. Weil das Ata-Tak-Studio nur ein Vierspurstudio war, verbrachte Frank uns in das Studio Werner Lambertz, auch in Düsseldorf, dort hatten sie schon acht Spuren und das war natürlich die ganz große Welt. Dort nahmen wir dann das Album auf. Das Projekt hatte aber noch keinen Namen und schon während der Aufnahmen stiegen zwei von den Fähnlein-Fieselschweif-Leuten wieder aus, nur Jan Krowoth, der Schlagzeuger, blieb bei mir. Frank Fenstermacher hatte kein Problem damit, die Platte unter meinem Namen herauszubringen, im Gegenteil, er ging noch einen Schritt weiter und brachte die

Marinas ins Spiel, das sei doch noch viel besser, wenn die dann auch noch dabei wären. Damit war auch Fred vom Jupiter wieder im Gespräch, denn das war ja das einzige Werk, das mit den Marinas verbunden war. Und deshalb wollte Frank auch aus Gründen der musikalischen Kontinuität den Fred aufs Album bringen, wogegen ich dann irgendwie nicht mehr ankam. Wir machten alles so, wie Frank es wollte. Das Problem war nur, dass von den Mädchen, die beim Fred gesungen hatten, nur drei noch einmal mitmachen wollten, die kamen dann zusammen mit der Mutter von einem der Mädchen nach Düsseldorf und wir nahmen an einem Tag noch einige Gesangsstimmen mit ihnen auf. Auf diese Weise entstand ein Album, bei dem wir als »Die Doraus und die Marinas« firmierten und das den Titel »Blumen und Narzissen« trug, mein Debüt-Album also.

Das Cover der Platte sollte angelehnt sein an das Debüt-Album der belgischen Künstlerin Lio, auf dem war ein Porträtfoto von ihr und ihr Name in Gold geprägt. Das wollte ich auch. Ata Tak war dagegen, wegen der Kosten. Am Ende einigten wir uns darauf, dass sie mir das Geld für die Goldprägung von meinen Tantiemen abziehen konnten. Geld war mir nicht wichtig, die Goldprägung dagegen schon!

b) Die erste Tournee

Im Gegensatz zu dem, was sonst so im Album- und Bandgeschäft getrieben wird, machten wir erst die Tournee und dann kam das Album raus. Als Band hatte ich Jan Krowoth am Schlagzeug, Jürgen Keller am Bass, Godeke Ilse am Keyboard und Christian Kellersmann am Saxophon. Ich hatte noch versucht, Sven Regener, der ein Studienkollege von Christian Kellersmann war, als Trompeter zu engagieren, denn ich wollte unbedingt mehrere Bläser haben, aber der hatte keine Zeit. Deshalb musste Christian Kellersmann sein Saxophon durch einen Harmonizer spielen, um es klanglich aufzuwerten. Die drei Marinas, die auf dem Album gesungen hatten, waren erst vierzehn oder fünfzehn und durften nicht mit. Ich fragte also herum, wer Mädchen kannte, die auf sowas Lust hatten. Auf diese Weise kamen Hagar Groeteke, die schon sechzehn war, und ein anderes Mädchen, an dessen Namen ich mich nicht mehr erinnern kann, auf die Tournee. Mit Hagar verstand ich mich gut, aber das andere Mädchen kaute immer Kaugummi und trug eine Leopardenhose, damit kam ich nicht klar.

Die Tournee umfasste drei Konzerte, eins in Berlin, eins in München und eins in Basel. Organisiert hatte sie Frank Fenstermacher, darum gab es keine Unterlagen, keine Informationsblätter und keine Ansagen, was uns aber nicht störte, weil wir ja überhaupt keine Ahnung hatten, wie so etwas normalerweise läuft. Außerdem hatte auch keiner von uns einen Führerschein, darum konnten wir kein Auto mieten, wir machten alles mit der Bahn. Damit war unsere Gage eigentlich schon weg. In Berlin kamen die Frauen von Mania D, einer Band, die ich sehr bewunderte, vor dem Konzert in die Backstage und wollten mich kennenlernen, deshalb musste ich mich auf der Toilette verstecken, bis sie weg waren. Außerdem war da ein Mann, der während des Konzerts seinen Arm nach mir ausstreckte, was mir Angst machte, weshalb ich auf ihn eintrat, bis er damit aufhörte. Nach dem Konzert mussten wir vor Kälte zitternd auf dem Bahnhof Zoo abhängen, weil unser Zug nach München schon um sechs Uhr morgens abfuhr und sich ein Hotel nicht mehr gelohnt hätte.

In München stellte sich heraus, dass wir gar nicht in München spielen sollten, sondern im »Gasthof zur Post« in Ampermoching, einem wohl irgendwie legendären, alternativen Veranstaltungsort für Punk-, New-Wave- und sonstige Rockkonzertsachen. Das Konzertpublikum bestand aus New-Wave-Schickeria aus München und Punks aus dem ländlichen Raum. Da die sich gegenseitig nicht grün waren, kam es zu

Schlägereien, während wir spielten. Übernachten sollten wir auch dort, in einer Künstlerwohnung der ortsansässigen Hippie-WG. Das wollte ich auf keinen Fall. Glücklicherweise war ein Skinhead im Publikum, dessen Oma gerade gestorben war, und er bot uns an, in deren leerer Wohnung zu übernachten.

In Basel ist nichts Besonderes passiert.

Das war die erste Tournee. Wir hatten keinen Tourmanager, keinen Führerschein und keine Ahnung, aber es lief trotzdem ganz gut. Vielleicht, weil wir keine Drogen nahmen und keinen Alkohol tranken. Oder vielleicht haben die anderen auch dauernd was getrunken und geraucht und ich habe es bloß nicht gemerkt.

c) Kleines Stubenmädchen

Kurz nach der ersten Tournee wurde Fred vom Jupiter vom Indie-Hit zum richtigen Hit. Die Single ging durch die Decke und wurde von Ata Tak auch gleich an die Teldec weiterlizenziert. Ich war der Kinderstar der Neuen Deutschen Welle, ob ich es wollte oder nicht. Die Teldec-Leute machten auch gleich das, was Plattenfirmenleute in so einem Fall immer tun: Sie verlangten eine Nachfolgesingle. Das musste in ihren Augen kein Titel vom Album sein, zumal sie das Album nicht bekommen hatten, das wollte Frank Fenstermacher lieber bei Ata Tak behalten. Also sollten wir einen neuen Song aufnehmen. Glücklicherweise hatte ich noch einen in petto, der hieß »Kleines Stubenmädchen«. Weil die Teldec dahinterstand, ging Kurt Dahlke, der Ata-Tak-Produzent, mit uns in ein 24-Spur-Studio in Bochum. Jan Krowoth durfte nicht mehr mitspielen, weil er angeblich zu schlecht war. Stattdessen brachte Kurt einen Trommler namens Frank Samba mit, der aus der Free-Jazz-Szene kam und in Kurts Augen irgendwie der bessere Mann sein sollte. Auf mein Betreiben holten wir uns auch auf Teldec-Kosten einen Toningenieur aus London, Mel Jefferson, der hatte schon mit Pere Ubu gearbeitet und war als Engländer natürlich sowieso das Größte. Ansonsten blieb die Band zusammen, auch Jan Krowoth war dabei, bloß dass er nichts zu tun hatte. Die Kaugummifrau allerdings war raus, Hagar sang alle Mädchenstimmen alleine im Mehrspurverfahren ein.

Das Lied handelt von mächtigen Männern, Hausherren, Rektoren usw., die ein Stubenmädchen und ein Schulmädchen auffordern, doch einmal herzukommen. Die Mädchen weigern sich standhaft, indem sie im Hintergrund immer mal wieder »Nein, nein« usw. singen. Das Stück war auf dem Wege, ein richtiger Hit zu werden, als plötzlich der Bayerische Rundfunk das

Stück auf den Index setzte, weil es sexistisch und frauenfeindlich sei. Andere Sender zogen nach. Die Teldec kriegte Panik und forderte mich auf, eine Kassette mit einer Entschuldigung zu besprechen, die man dann an die Sender herumschicken wollte, damit sie diese Entschuldigung ausstrahlen konnten. Ich weigerte mich und das war es dann mit der Teldec.

d) Die zweite Tournee

Trotz des Debakels mit dem Kleinen Stubenmädchen war ich populärer als je zuvor. Fred verkaufte sich wie geschnitten Brot, Ata Tak kriegte von überall her Anfragen von Tourneeveranstaltern und wir entschieden uns, zu »Blindfish« zu gehen, einer Hamburger Agentur, die von dickbäuchigen, bärtigen Rory-Galagher-Fans betrieben wurde. Ich frage mich bis heute, wieso wir uns gerade für die entschieden hatten.

Blindfish buchte uns eine Tournee durch große Hallen und wir konnten in den nächsten Schulferien auf Tournee gehen. Die drei Marinas vom Album waren mittlerweile sechzehn Jahre alt und durften mitkommen, außerdem blieb Hagar natürlich dabei, auf diese Weise hatte ich bei den Mädchen jemanden, den ich ansprechen konnte. Am Schlagzeug hatten wir jetzt wieder Jan Krowoth, Gottseidank, aber Godeke Ilse wollte lieber mit »Saal II« spielen, für ihn kam Young Hack Chi als Keyboardspieler. Jürgen Keller spielte weiterhin den Bass, Christian Kellersmann das Saxophon und dazu engagierten wir einen Trompeter namens Helge Gabrecht.

Die Tournee fand im Sommer 1982 während der Fußballweltmeisterschaft statt, weswegen Moritz Reichelt, der das Artwork machte, auf das Plakat den Spruch setzte: »Lass die anderen doch Fußball gucken, ich schau mir die Doraus an!« Die Tournee war dann auch ein großer Erfolg, die Konzerte waren eigentlich alle ausverkauft. Auch das Bühnenbild stammte von Moritz Reichelt; und dass wir ein Bühnenbild brauchten, war uns im Zusammenhang damit, dass wir in so großen Hallen spielten, eigentlich von vornherein klar gewesen. Ansonsten hatten wir ja nur negative Vorgaben: Unsere Konzerte sollten keine Rockscheiße sein, aber auch nichts mit Schlager, Neuer Deutscher Welle, Chanson, Kleinkunst oder Theater zu tun haben, wir wollten kein Geblödel machen, aber auch keine Ansprüche stellen, das war natürlich ziemlich viel, was wir da nicht wollten, da musste man wenigstens ein Bühnen- und ein Kostümbild haben.

Das sah dann so aus, dass die beiden Bläser als Würstchenverkäufer verkleidet in einem Schnellimbiss standen, der Schlagzeuger eine Chauffeursuniform trug und in einem Auto saß, die Marinas als junge Hausfauen mit Schürze vor einer Einfamilienhausidylle mit Jägerzaun sangen, der Keyboarder einen Touristen mit Fotoapparat spielte und der Bassist und ich als Gärtner verkleidet herumliefen. So spielten wir die Konzerte. Alles war gut, die Leute freuten sich und wir hatten eine Aufsichtsperson für die Minderjährigen dabei, also für mich und die Marinas, die darauf achtete, dass wir spätestens um zehn Uhr abends im Hotel waren. Als Gage kriegte jeder von uns hundert Mark pro Abend.

Wir machten mit demselben Programm noch mehrere kleine Tourneen in Holland, Belgien und Österreich. Die liefen alle ganz gut. Ich war minderjährig und die Welt des Musikgeschäfts mit seinen Alben, Singles und Tourneen war für mich noch in Ordnung. Danach sollte es in den 80er Jahren eigentlich nur noch bergab gehen.

Die Menschen sind kalt

Wir schrieben das Jahr 1998 und ich war als Musiker bei der Plattenfirma Motor Music unter Vertrag, genauer gesagt bei der Unterabteilung Elektro Motor, man sah mich dort zum Glück nicht als Rocker, sondern eher als den progressiven, elektronischen Musiker, der ich war. Im Jahr zuvor war »70 Minuten Musik ungeklärter Herkunft« erschienen, eine sehr erfolgreiche Platte. Außerdem erschien Ende 1997 auch ein Tribute-Sampler »We Love The Bee Gees«, bei dem ich mit einer Neuinterpretation des eher unbekannten Bee-Gees-Titels »Winds of Change« dabei war, meine Version hieß »Die Menschen sind kalt« und hatte einen deutschen Text, den ich mit den Bee-Gees-Originalstimmen kombinierte, ein kompliziertes Verfahren unter Einsatz eines Vocoders, mit dem es mir gelang, die Bee Gees, von meiner Stimme gesteuert, auf Deutsch singen zu lassen, ich kann das nicht besser erklären, ich habe es selbst kaum verstanden, Justus

Köhncke hatte mir dabei geholfen. Charlotte Goltermann, die damalige Abteilungsleiterin von Elektromotor, war von dem Titel begeistert und wollte daraus unbedingt eine Single machen. Und eine Single ohne Video war in den 90er Jahren alles Mögliche, nur keine Single.

Also gingen wir zu der Labelchefin von Motor Music und trugen ihr das vor. Sie lehnte ab, sie habe kein Geld für ein Stück mit Vocodereinsatz. Allerdings hatte U96, der ewige, absolute Lieblingskünstler von ihr und ihrem Mann, damals selber gerade ein Stück mit Vocoder gemacht, und sie ließ sich dazu hinreißen, uns ein Videobudget zu versprechen für den Fall, dass U96 mit seiner Vocodernummer Erfolg haben würde. Leider hat U96 mit diesem Stück dann nicht so gut performt und wir kamen erst einmal nicht weiter.

Da dachten wir uns, wenn es schon kein Video sein kann, dann könnte doch vielleicht ein Spielfilm helfen, sozusagen der Spielfilm zur Single. Das war eine ganz neue Idee, wie wir fanden, ein revolutionäres Konzept. Damit gingen wir aber nicht mehr direkt zu der Labelchefin, sondern zu meiner neuen Produktmanagerin, Brigitta Jahn, und die war von dieser Idee sofort ganz begeistert, so sehr, dass sie damit auch die Labelchefin überrumpeln konnte. Der Clou bei der Idee war ja, dass ich mit »Schlag dein Tier«, meinem Münchner Abschlussfilm, bereits fünfundvierzig Minuten Film im Sack hatte und dass es nur noch darauf ankam, eine Rahmenhandlung von noch einmal fünfundvierzig Minuten zu drehen, in die wir »Schlag dein Tier« passgenau hineinfügen konnten, und fertig war der abendfüllende Spielfilm. Der geizigen Labelchefin leuchtete das ein, für sie ging diese Rechnung ganz klar auf, der Gedanke, einen ganzen Film für den Preis von einem halben Film zu bekommen, war für sie einfach zu verlockend.

Wir kriegten also grünes Licht und wussten, dass jetzt alles sehr schnell gehen musste. Ich schrieb in vier Tagen mit Jan Becker das komplette Drehbuch bis auf eine sehr schöne Stelle, eine längere Telefonatszene, die Anne und Katha Schulte beisteuerten. Die Handlung des Films geht so: Ein junger Mann (Jacques Palminger), der es schwer im Leben hat, wird zum Totenbett seiner Mutter (Gerda Gmelin) gerufen. Seine Mutter gesteht ihm, dass sein richtiger Vater gar nicht tot sei, wie er immer gedacht hatte, sondern vielmehr Uri Geller, der berühmte Mediumdarsteller und Löffelverbieger, mit dem sie als junges Mädchen einmal Geschlechtsverkehr gehabt habe. Dann stirbt die Mutter und lässt den jungen Mann mit diesem Wissen allein. Zum Trauern bleibt ihm aber wenig Zeit, denn sein Chef (Horst Frank) hat einen Auftrag für ihn: Er soll die Nichte des Chefs (Dolly Dollar) auf eine noble Party in Schleswig-Holstein fahren und dabei zugleich einem dubiosen Geschäftspartner dreißigtausend Mark überbringen. Der junge Mann und die Nichte fahren zusammen los, aber sie können sich überhaupt nicht ausstehen, der soziale Graben ist zu tief. Auf dem Weg entdecken sie einige Bauern, die Kuhfladen-Roulette spielen. Die Nichte findet das interessant und besteht gegen den Willen des jungen Mannes darauf, dass sie sich das angucken und schließlich sogar mitspielen. Kuhfladen-Roulette ist ein Spiel, bei dem man darauf wettet, in welchen Teil der Weide die Kuh einen Fladen legt, das erfordert viel Geduld, deshalb wird viel Schnaps getrunken. Irgendwann ist der junge Mann total betrunken und verspielt das Geld von seinem Chef. Entsetzt torkelt er davon, versteckt sich in einem Kuhstall, schläft ein und träumt einen langen, bizarren Traum, der fünfundvierzig Minuten dauert und identisch ist mit dem Film »Schlag dein Tier«. Dann wacht er auf und vor ihm steht die Kuh, und die beiden treffen eine Art mediale Absprache, die darin besteht und auch so ausgeführt wird, dass sie noch einmal zum Roulette gehen, er noch einmal Geld setzt und die Kuh in seinem Sinne kackt. Damit ist er aus dem Schneider, aber er will mit den Menschen nichts mehr zu tun haben. Er steigt auf den Rücken der Kuh und fliegt mit ihr davon.

Diesen Film zu drehen, war kein Spaziergang. Die zwanzigtausend Mark, die die Plattenfirma uns dafür gab, reichten natürlich hinten und vorne nicht. Ich musste ja die Schauspieler bezahlen. Wenigstens hat die Crew umsonst gearbeitet, das waren alles begeisterte Cineasten, der Kameramann und der Beleuchter auch Vollprofis, das machte es umso bemerkenswerter. Trotzdem, gerade der Dreh mit der Kuh war viel schwieriger, als ich hatte ahnen können, Kühe sind für Filmarbeiten die schwierigsten Tiere überhaupt, ich hatte durch »Schlag dein Tier« ja schon Erfahrung mit allen deutschen Tieren und deren Marotten, aber die Kuh schlug alles, die Dreharbeiten mit ihr dauerten dreimal so lange wie geplant. Irgendwann war das Geld alle. Schnitt und Postproduktion waren nicht mehr möglich. Glücklicherweise kannte ich Leute bei der Firma Markenfilm, die waren bereit, als Koproduzenten einzusteigen und ihre Geräte und Studios zur Verfügung zu stellen. Auf diese Weise kriegten wir den Film irgendwie fertig.

Aber wir hatten das Budget schon vor dem Einstieg von Markenfilm mächtig überzogen: etwa achtzigtausend Mark hatten wir ausgegeben, obwohl uns die Plattenfirma nur zwanzigtausend Mark bewilligt hatte.

Aber wir kamen heil aus der Sache raus, denn nur nach und nach trudelten die Rechnungen bei der Plattenfirma ein, und weil sich das über einen so langen Zeitraum hinzog, fiel es in der Buchhaltung nicht weiter auf.

Für die Auswertung des Films hatten wir unterschiedliche Vorstellungen, die Plattenfirma und ich. Ich wollte, dass den Film nur so wenig Leute wie möglich sehen, damit es eine Art von Gemunkel und Grapevine-Gerede über ihn gab. Er sollte nicht als Film wirken, sondern als Hintergrundrauschen einer subkulturellen Nacherzählung, als Legende für die Hinterzimmer der Indie-Treffs und die Küchengespräche bei Studentenpartys. Die Plattenfirma dagegen setzte auf das laute Knallen der Promopeitsche und hatte hinter meinem Rücken einen Vertrag mit einem Filmverleih abgeschlossen. »Die Menschen sind kalt« lief dann in fünf deutschen Städten, zumeist nur drei Tage, nur in Berlin hielt er sich zwei Wochen lang in einem Kino. Die Kritiken waren vernichtend. Mir schlug ein Hass entgegen, wie ich ihn noch nie erlebt hatte. Ich verbrachte drei Tage in meiner Wohnung und traute mich nicht mehr raus. Danach habe ich als Regisseur keine Filme mehr gemacht.

Ich habe daraus viel gelernt: Die Filmleute mögen es nicht, wenn sie glauben, dass man sie verarscht, was ich allerdings nicht vorhatte und auch nicht getan habe.

Aber das haben sie nicht geschnallt. Die Leinwand ist ihnen heilig.

Filme in Deutschland dürfen witzig sein, aber nicht unernst!

Das Ende der Neuen Deutschen Welle und mein Anteil daran

1982: Die Neue Deutsche Welle war ganz oben, aufgetürmt bis zu dem Punkt, an dem sich schon Gischt bildet als Vorzeichen dafür, dass sie sich bald bricht und dann elendig versandet. NDW fand in Radio und Fernsehen und überhaupt überall statt und unter allen Steinen kamen Retortenbands hervorgekrochen, die von den Plattenfirmen schneller unter Vertrag genommen wurden, als sie »Hit« sagen konnten. Die Musik wurde immer schlimmer. Die Schlagergeister, die wir ironisch gerufen hatten, wurden zu einem Horror-Mainstream, das lustige Verkleiden wurde Pflicht für jeden Dorfmusikanten, verschlimmert noch durch exzessives Schminken und androgynes Kajalgespacke.

Aber alle, die das schlimm fanden, waren auch nicht besser, weder ich noch Palais Schaumburg noch Der Plan oder wie sie alle hießen. Wir unterschrieben Verträge bei großen Plattenfirmen, strichen Vorschüsse ein, hofften auf Hits und taten zugleich noch so, als wären wir besser als die anderen. Kann ja sein, dass wir die besseren Lieder und die besseren Texte und die bessere Credibility hatten. Nur ist es eben so, dass wir dadurch auch die besseren Verräter waren. Niemand kann Hubert Kah vorwerfen, etwas verraten zu haben. *Mir* aber schon. Erklären kann ich mir das heute nur damit, dass wir nervös waren und die Nerven verloren: Wir sahen diese ganzen Leute mit unseren Ideen das große Geld verdienen und wollten ihnen dieses Feld nicht kampflos überlassen. Wenn schon, dann schon, so dachten wir, und so ist es dann auch gekommen!

Also unterschrieb ich einen Vertrag mit der CBS. Dort sahen alle aus, wie heute nur noch Leslie Mandoki, sie hatten Tatarenschnurrbärte und Vokuhila-Frisuren und schleimten mich voll, bis ich alles unterschrieben hatte. Ich bekam einen Verlagsvertrag, einen Bandübernahmevertrag und einen sehr, sehr hohen Vorschuss. Nun muss man wissen, dass man bei einem Bandübernahmevertrag mit dem Vorschuss auch die Aufnahme bezahlen muss. Das machte aber nichts, es war ja so viel Geld und wir hatten auf diese Weise freie Hand. Die brauchten wir auch, denn wir wollten das ganz große Rad drehen, das entsprach dem Zeitgeist. Hatten wir uns vorher als Nichtmusiker gesehen und absichtlich auf »guten Sound« und »musikalische Produktionsstandards« geschissen, so waren wir jetzt vom allgemeinen Sound- und Produktionswahn infiziert, der die 80er Jahre insgesamt zu der Scheußlichkeit machte, als die sie sich heute rückblickend darstellen. Interessante musikalische und textliche Ideen und jede Form von Originalität waren zweitrangig, sogar lästig, solange nur die Snare Drum genauso geschmacklos aufgepumpt klang wie bei allen anderen Musikern.

Und wir voll dabei. Kurt Dahlke wusste noch ein anderes, diesmal extrateures High-End-Studio in Bochum, in das wir uns für viele Wochen einmieteten, um die Songs dort nicht nur aufzunehmen, sondern auch zu schreiben, denn eigentlich hatte ich nur Ideen für drei Songs mitgebracht und die waren auch noch ziemlich unausgereift. Dass wir einen Arrangeur für extrafette Streichersounds dabeihatten, half dann auch nur wenig. Wir bosselten Lied um Lied zusammen und rannten mit offenen Augen in die Katastrophe. Alles ging schief. Die Lieder waren schlecht, der Sound erbärmlich, der Arrangeur sagte immer nur, die Streicher brauche man doch gar nicht, und ich spielte die meiste Zeit beleidigt Computerspiele im Nebenraum. Zeit und Geld rannen uns durch die Finger. Der englische Ingenieur mixte am Ende den ganzen Quatsch zusammen und brauchte dabei alleine für den Klang der Snare Drum schon einige Wochen. Als wir das den Leslie-

Mandoki-Lookalikes von der CBS vorspielten, waren die ganz begeistert und sahen überall nur Hits. Die Platte sollte »Die Doraus und die Marinas geben offenherzige Antworten auf brennende Fragen« heißen, ein Titel, den Moritz Reichelt erfunden hatte. Ich hatte da schon das Interesse verloren.

Und schlimm ging es weiter. Als die Platte hergestellt werden sollte, sagte man uns, die Masterbänder seien leider im Hause CBS kaputtgegangen, in ein Magnetfeld hineingeraten oder so, weshalb alle Höhen und Bässe angeblich verzerrt waren und abgeschnitten werden mussten. Das ergab einen sehr dumpfen und muffigen Sound. Deshalb, so die CBS weiter, wolle keine Radiostation unsere Stücke spielen. Trotzdem sollte es ein großes Record-Release-Konzert in der Hamburger Markthalle geben. Da wollte ich endlich die Streicher haben, die der faule Arrangeur bei den Aufnahmen immer sabotiert hatte. Ich engagierte ein Streichquartett und einen neuen Arrangeur, nur für diesen Abend. Ganz Hamburg kam ins Konzert, der NDR übertrug es live im Radio und filmte für eine spätere Fernsehausstrahlung mit. Wir hatten ein neues Bühnenbild, ein Waldmotiv, und wir waren als Jäger verkleidet, das war noch das Beste daran. Denn alles andere ging schief, es war furchtbar. Wegen der Fernsehaufzeichnung musste das Licht immer gleißend hell sein, man kam sich auf der Bühne vor wie in einer Betriebskantine. Der Soundmann kam mit den vielen Instrumenten nicht klar und auf der Bühne hörte ich nur die extralaute Snare, zu der ich dann gesungen habe im vollen Wissen, dass ich gerade live im Radio schiefer sang, als es je ein Mensch zuvor gehört hatte. Ein sensibleres Wesen hätte sich nach dem Konzert umgebracht, ich ließ es dabei bewenden, das Bühnenbild zu zerstören.

Ich hatte damit aber von Musik erstmal die Nase voll und wollte nicht mehr auftreten. Da ich ohnehin gerade mit München und dem Filmgeschäft liebäugelte, fiel mir dieser Entschluss nicht schwer. Die Schlacht war geschlagen, die anderen hatten gewonnen. Nach nur drei Monaten wurde der Vertrag mit der CBS wieder aufgelöst. In gegenseitigem Einvernehmen!

Dann gab es aber doch noch einen Nachklapp, insofern uns angeboten wurde, zwei Abende in New York zu spielen, in der Danceteria, dem damals heißesten Club der Welt. Dafür stiegen wir dann doch noch einmal in das Jägerkostüm. Und das lohnte sich: Beide Konzerte waren rauschende Erfolge, ich hatte sehr kurzen Sex mit einem richtigen Groupie und ein sehr langes Gespräch mit dem Cowboy von den Village People.

Rückkehr zur Musik 1: Demokratie

1986: Ich studierte in München Film, Moritz Reichelt lebte mittlerweile in Hamburg. Seine Freundin kuratierte einen Austausch zwischen Künstlern der Hochschule für Bildende Künste in Hamburg und dem Künstlerhaus Bethanien in Berlin. Dabei war ihr das alles zu performancelastig und sie wollte auch irgendwas Musikalisches haben. Deshalb rief Moritz mich an. Seine Freundin war schuld. Ich wollte damit natürlich nichts zu tun haben, mit Musik war ich fertig. Aber dann war gerade Tschernobyl passiert und ich war davon beeindruckt, und als Moritz nun also anrief, wollte ich, wenn schon etwas Musikalisches, dann aber etwas mit Tschernobyl machen. Ich fand drei Stücke, ein atomkraftverherrlichendes Stück aus den 50er Jahren namens »Atomic Cocktail«, das Stück »Atomic« von Blondie, das mit Atomkraft ansonsten überhaupt nichts zu tun hatte, und »Radioaktivität« von Kraftwerk, das überhaupt immer schon eins meiner Lieblingsstücke gewesen war. Deshalb sagte ich Moritz zu. Als er irgendwann später wissen wollte, wie lang mein Auftritt denn dauern würde, sagte ich, zwölf Minuten. Das fand Moritz zu kurz, er und seine Freundin hatten eher an sowas wie dreißig Minuten gedacht. Das passte mir nicht besonders gut in den Kram, ich kannte keine weiteren Stücke, die mit Atomkraft zu tun hatten und mir gefielen, aber ich hatte schon einige Musiker besorgt, mit denen ich auftreten wollte, da konnte ich jetzt keinen Rückzieher machen, es waren Joern Zimmermann und Moritz von Oswald, die beide schon bei dem Hamburg-Fiasko und in New York dabei gewesen waren, außerdem natürlich Christian Kellersmann, der ja immer dabei war, ein weiterer Saxophonist, dessen Namen ich nicht mehr weiß, eine japanische Keyboardspielerin namens Izumi ›Mimi‹ Kobayashi, und ein weiterer Keyboardspieler, dessen Namen ich zur Not noch rauskriegen könnte. Mit so einem Ensemble wirft man ja nicht gleich wieder die Flinte ins Korn! Da traf es sich gut, dass einer meiner Freunde eine gedichteschreibende Mutter hatte. Die fragte ich, ob ich davon einige vertonen dürfte. Sie war einverstanden, ich schrieb zu vier dieser Gedichte Musiken und so kriegten wir die dreißig Minuten voll und konnten in Berlin auftreten.

Das Konzert lief gut. Und mir fiel auf, dass ich ja nun schon vier neue, genuine Andreas-Dorau-Stücke hatte, da fehlte ja nicht mehr viel für ein richtiges Album, und die Band gefiel mir gut und die Mutter meines Freundes hatte noch jede Menge Gedichte, die auf eine Vertonung von mir warteten. Also wurde ich rückfällig und beschloss, ein neues Album aufzunehmen.

Die Leute von Ata Tak fanden, dass das eine gute Idee sei. Die beiden Keyboarder standen allerdings nicht mehr zur Verfügung, die Japanerin ging zurück in ihr Heimatland, der andere fing ein Studium in Amerika an. Joern Zimmermann tauschte ich hinterrücks gegen Christoph Bunke aus, weil der genauso aussah wie mein großes Idol Roy Wood. Die beiden Saxophonisten und Moritz von Oswald behielt ich bei und so gingen wir dann ins Ata-Tak-Studio und nahmen auf die gute alte Weise, also wie ganz am Anfang, eine Platte auf. Im Ganzen brauchten wir dazu vierzehn Tage.

Das Problem war aber, dass ich misstrauisch und vorsichtig geworden war. Nach den Erfahrungen mit der letzten Platte wollte ich nie wieder Kompromisse machen und nie wieder die Kontrolle verlieren. Alles sollte in meiner Hand bleiben, ich wollte mich in jeder einzelnen Tonspur und jeder einzelnen Note zu hundert Prozent wiederfinden. Mit dem Ergebnis, dass ich das eigentlich fertige Album in den nächsten zwei Jahren immer wieder bearbeitete und umarbeitete, Spuren löschte, neu aufnahm, verwarf, verdoppelte, die dann wieder löschte und immer so weiter. Zwischendurch fuhr ich nach Japan und nahm auch dort einige Stücke auf. Außerdem besuchte ich Michael Nyman, den berühmten Filmkomponisten, und der machte mir Streicherarrangements für drei Stücke.

Aber schließlich kam die Platte unter dem Titel »Demokratie« heraus, und ich war mächtig stolz darauf. Im Kontext der damaligen Musiklandschaft – wir schrieben das Jahr 1988 und Fun Punk war das große Ding – war die Platte ein Außenseiter, sie hatte mit nichts sonst zu tun, nur mit mir und meinem Stil. Das fand ich gut. Das Cover zeigte ein Porträt von mir in Nahaufnahme mit Helmut-Schmidt-Mütze und Pfeife. Auch damit hatte ich lange ringen müssen, insofern war die »Demokratie« eine in jeder Hinsicht ausgereifte und durchdachte Sache, das Ergebnis großer künstlerischer Mühen und Kämpfe. Sie war durch und durch Andreas Dorau.

Ata Tak brachte die Platte raus, sie bekam sehr gute Kritiken und verkaufte sich gut. Ich trat bei einer Benefizveranstaltung für Norbert Hähnel, den »Wahren Heino«, auf, allerdings dann mit einer schon wieder anderen Band, Moritz von Oswald war raus, Godeke Ilse war wieder dabei, außerdem zum ersten Mal Matthias

Strzoda. Von den Saxophonisten blieb nur Christian Kellersmann, der andere war weg. So ging es immer, man mag es gar nicht mehr aufzählen. Allerdings muss man sagen, dass wir bei der Heino-Benefizsache nicht gut ankamen, weil dort nur Fun-Punk-Fans im Publikum waren.

Die anschließende Tournee lief aber gut, bis auf die Tatsache, dass mir die Idee einer Band nicht mehr behagte, das ganze damit verbundene Männlichkeits-, Freundschafts- und Rockmusikgehabe ging mir auf den Wecker. Zwar hatte ich eigentlich noch nie eine richtige feste Band gehabt, weil die Leute ja dauernd auf den einzelnen Positionen rotierten, aber nun verabschiedete ich mich auch endgültig von dem naiven Traum, so etwas jemals haben zu wollen.

Als Andreas Dorau, wie er aus den 80er Jahren bekannt war, hatte ich alles erreicht. Insofern war ich, kaum dass ich in der Musik wieder angekommen war, auch gleich schon wieder am Ende.

Rückkehr zur Musik 2:
Ärger mit der Unsterblichkeit

Da schrieben wir also das Jahr 1988, ich hatte wieder eine Platte gemacht, war aber auch noch mitten in München beim Filmstudium und hatte weder auf Tourneen noch auf Bandkram irgendeine Lust. Im Übrigen war ich vom gerade vergangenen Acid-House-Sommer verzaubert und fand neuerdings, dass Dance-Musik das Größte sei. Das fand auch Tommi Eckart, den ich flüchtig kannte, weil er mal in einer Band namens »Die alternativen Arschlöcher« gespielt hatte, die NDW-Hits verarschte, darunter auch »Fred vom Jupiter«, was ich nicht so toll fand, aber die manchmal auch ganze Eimer voller echter Kuhaugen ins Publikum warf, was mir ganz gut gefiel. Tommi besaß einen kleinen Sampler und zwei Synthies und ein Mischpult, man konnte also, wenn man wollte, richtige Dance-Musik mit ihm machen, und das wollte ich dann auch. Außerdem fand ich an ihm toll, dass er in München lebte und ich dann wegen Musik nicht mehr nach Hamburg oder Düsseldorf reisen musste. Er hatte auch Lust darauf, mit mir etwas zu machen. Wir produzierten zwei instrumentale Dance-Stücke. Das klappte prima und gefiel mir sehr gut, ich fing richtig Feuer, weil ich hier wieder da war, wo ich angefangen hatte, nämlich bei einer Art, Musik zu machen, bei der man keine kompositorische Idee im Vorfeld brauchte, sondern das Stück nach und nach im Mehrspurverfahren zusammenschichtete. Das ersparte das ganze lästige Musikersein und Musikergehabe, man schichtete und schichtete und irgendwann war das Dance-Stück fertig. Und das waren es dann auch, Stücke, keine »Songs« und keine »Lieder« oder sowas, und es war immer wieder ein Wunder, wie diese Stücke in kürzester Zeit aus dem Nichts heraus entstanden und dabei doch so sehr nach richtiger Musik klangen. Und das Beste war: Ich musste nicht singen! Denn das wollte ich wirklich nie mehr tun!

Es gab aber zwei Stücke, die uns besonders gut gefielen und die gut zueinander passten und bei denen wir dann doch das Gefühl hatten, dass sie sowas wie ein bisschen Gesang vertragen konnten. Natürlich wollte ich das nicht selber machen, ich hatte mit dem Singen abgeschlossen, das war alles Vergangenheit. Tommi und ich hatten aber einen Kumpel, der war Halbamerikaner, konnte gut singen und sah gut aus, und ich schrieb für ihn zwei englischsprachige Gesangstexte, auch das war mir wichtig und recht, dass das keine deutschen Texte mehr waren, auch hier sollte nichts mehr an früher erinnern. Der eine hieß »Chrome Headed Woman« und handelte von einer Frau, die einen verchromten Kopf hatte, und der andere hieß »Dog Boy« und handelte von einem Hund, der im Körper eines jungen Mannes gefangen war. Der Kumpel, dessen Namen ich nicht nennen möchte, sang das und die Stücke waren dann auch spitze, Tommi und ich waren begeistert und wir schmiedeten schon Pläne, wie wir als Produzenten im Hintergrund unseren Kumpel zu einem ganz großen Star des europäischen Dance machen würden.

Leider kam es nicht mehr zu Aufnahmen weiterer Stücke. Denn immer, wenn wir unseren Schützling und kommenden Star aufnehmen wollten, verschwand er auf der Toilette. Und wenn er von der Toilette wiederkam, war er nicht mehr zu gebrauchen. Das fanden wir komisch, und ein Bekannter, der mal ein Heroinproblem gehabt hatte, gab zu bedenken, dass das vielleicht etwas mit Drogen zu tun haben könnte. Damit hatten wir nicht gerechnet, aber nun fiel es uns wie Schuppen von den Augen. Und wir wussten auch gleich, dass wir mit sowas nicht umgehen konnten, deshalb riefen wir ihn einfach nicht mehr an. Ich weiß heute noch nicht, ob da wirklich was dran gewesen war oder wir nur, ahnungslos, wie wir nun einmal waren, total überreagiert hatten.

Trotzdem produzierten wir fröhlich weiter Musik, ein Dance-Stück nach dem anderen, das eine so, das andere so, wir waren in stilistischer Hinsicht nicht dogmatisch, das war ja niemand damals, Techno war nur ein Wort, Dance war ein weites Feld, Acid House, Chicago House, Swing Beat, Down Beat, da konnte man schon mal den Überblick verlieren und es war auch egal, selbst Hiphopper machten zuweilen Dance-Stücke, jeder konnte dabei sein, das war angenehm. Für mich war jedenfalls alles wieder so, wie als ich anfing, ich hatte ja immer für tanzbare Musik gestanden, Fred vom Jupiter war auch in Discos gelaufen, ein durchgehender, monotoner Beat war mein Markenzeichen, ich war da, wo ich hingehörte und mit Tommi lief alles wie am Schnürchen.

Aber immer wieder kamen Stücke zustande, die nach Gesang schrien, und damit sie Ruhe gaben und weil sonst keiner da war, sang ich dann, nichts Böses ahnend, eben doch ab und zu die eine oder andere Gesangsspur ein, das war alles noch ganz harmlos und unverbindlich, wie ich dachte.

Aber irgendwann hatten wir vier Stücke mit Gesang und die gefielen mir und Tommi auch sehr gut und irgendwie war auch klar, dass diese Stücke auf einer Dance-Maxi, die für uns immer das Ziel gewesen war, keinen Platz haben würden, sie waren doch eher Pop- als Dance-Stücke, was sollte man mit denen anfangen? Zum Wegwerfen waren sie zu schade, da roch es dann doch wieder irgendwie nach Dorau-Album, aber wir wollten das erst noch nicht richtig wahrhaben und arbeiteten ohne konkreten Plan weiter, irgendwie zweigleisig, auf die eine Schiene schoben wir die Dance-Stücke, auf die andere die Dorau-Stücke, die sich langsam, aber sicher zu einem Album zusammenballten wie Wolken, die anfangs klein, einzeln und weiß am Himmel vorübersegeln, sich dann aber zu einer einzigen großen, dunklen Regenwolke verdichten. Hilfreich war dabei, dass ich diesmal die Texte nicht alle selber schreiben musste, einen Teil davon übernahm ein befreundeter Künstler, Wolfgang Müller aus Berlin, auch bekannt als Mitglied der Tödlichen Doris und legendärer Erfinder des Begriffs »Geniale Dilletanten«.

So entstand das Dorau-Album »Ärger mit der Unsterblichkeit«. Den Titel hatte ich einem Gemälde von Frank Fenstermacher entliehen, und zu ihm und den anderen Ata-Tak-Leuten ging ich dann auch Anfang der 90er Jahre mit dem fertigen Album, auf dass sie es veröffentlichten. Frank Fenstermacher machte dann auch das Cover, ich lieferte ihm die vier Fotos dazu, eins davon zeigte mich und Tommi in Laborkitteln als Wissenschaftler, das hatte Peter Kempter, der bekannte Münchner Fotokünstler, hergestellt, und das wurde auf dem Cover mit anderen, wissenschaftlich anmutenden Fotos kombiniert, das war mir wichtig, dass die Platte eher wissenschaftlich als musikalisch gesehen wurde.

»Ärger mit der Unsterblichkeit« erschien 1992 und niemand mochte das Album. Ich saß mit ihm zwischen allen Stühlen: Der normale Ata-Tak-Hörer mochte keinen Dance, weil er Dance dümmlich fand, und der normale Dance-Hörer mochte die Stücke nicht, weil da einer ganz und gar unsoulig auf Deutsch sang. Wenn sie wenigstens Blei im Regal gewesen wäre! Aber nicht einmal das war dieser Platte möglich, weil sie es gar nicht erst in die Regale der Plattenhändler schaffte, denn die hatten kein Regal dafür: Unter »Indie« wollten sie sie nicht stellen, weil sie zwar von einem Independent-Label kam, aber »Indie« mittlerweile ausschließlich ein Genrebegriff für Gitarrenschrammelmusik geworden war. Unter »Dance« durfte sie nicht stehen, weil ich auf der Platte sang, und unter »Pop« ging es auch nicht, weil sie bei einem Independent-Label rauskam. Ich hatte Ata Tak einen Totalflop angedreht.

Um das irgendwie wiedergutzumachen, ließ ich mich von ihnen breitschlagen, doch wieder aufzutreten, und zwar im Rahmen einer Tournee, die unter dem schrecklichen Motto »Wir werden wieder gebraucht« das Ata-Tak-Label mit seinem aktuellen Programm zurück ins Gespräch bringen sollte. Auf diese Weise war ich wieder voll drin in der alten Mühle aus Plattenveröffentlichung und Live-Auftritt. Und es wurde dann auch schlimm, bloß anders schlimm, als ich gedacht hatte.

Rückkehr zur Musik 3:
Wir werden wieder gebraucht!

Das Motto für die 1992er Tournee »Wir werden wieder gebraucht« stammte von Moritz Reichelt. Dazu hatte er ein Plakat entworfen, das einen grauen Grabstein darstellte, auf dem in einem ähnlichen Grau das Motto und die teilnehmenden Acts standen. Da das einst blühende Elektronik-Pionierlabel Ata Tak künstlermäßig mittlerweile komplett entvölkert war, standen nur drei graue Namen auf dem grauen Stein: Der Plan, Pyrolator und Andreas Dorau. Ich war dabei der einzige Künstler, dem das Label nicht selbst gehörte.

Das Plakat brachte nicht viel, weil es aufgrund der Farbauswahl nicht entziffert werden konnte, von vorbeifahrenden Autos und Fahrrädern schon mal gar nicht, aber auch so gut wie überhaupt nicht, wenn man direkt davorstand und sich Mühe gab. Auf jeden Fall waren die Konzerte nicht gerade ausverkauft, was der Stimmung in dem doch recht großen Tross, mit dem wir da unterwegs waren, nicht besonders guttat. Die Gage war auch nicht üppig. Frank Fenstermacher hatte zwar meistens Festgagen vereinbart, erklärte sich aber, gutherzig, wie er war, überall zum Nachverhandeln bereit, was die Veranstalter gnadenlos ausnutzten. Besonders schlimm trieben es in dieser Hinsicht die Freimaurer in Frankfurt, in deren extrem edlen Villa wir auftraten, warum auch immer. Sie handelten Frank so dermaßen herunter, dass nichts übrigblieb. Moritz Reichelt und ich waren so sauer, dass wir im heiligsten Raum der Freimaurer aus einem Schrein ein paar Kultgegenstände stahlen, um uns an ihnen zu rächen. Allerdings lief danach die Tournee so schlecht, dass wir fürchteten, unter einem bösen Fluch zu stehen. Deshalb schickten wir die Sachen nach drei Tagen anonym zurück. Danach wurde es aber auch nicht besser.

Die Abende verliefen so, dass zuerst mein damals noch ganz neuer Filmhochschulabschlussfilm »Schlag dein Tier« gezeigt wurde. Der kam immer ganz gut an. Danach spielte Kurt Dahlke, also der Pyrolator, danach ich und am Schluss, als Höhepunkt und sehr aufwendig inszeniert, Der Plan.

Ich hatte eigentlich zuerst nur mit Tommi auftreten wollen, schon um keine richtige Band mehr zu haben. Da die Musik für »Ärger mit der Unsterblichkeit« gänzlich am Computer entstanden war, war ja auch nichts naheliegender, als Tommi mit seinem Atari auf die Bühne zu bringen und ihn daran herumspielen zu lassen, während ich die Texte sang und dazu tanzte. Das war uns dann aber doch etwas zu viel Karaoke, das schmeckte zu sehr nach Playback und Disco-Performance, ein bisschen musikalische Darbietung sollte schon sein, und da wir Dance machten, war es naheliegend, die Beats, die sowieso schon aus dem Computer kamen, mit einem Live-Schlagzeug zu verstärken und physisch darzustellen. Deshalb nahmen wir Matthias Strzoda als Schlagzeuger dazu und fertig war der Act.

Leider kam das bei den Ata-Tak-Abenden nicht so gut an. Die Leute verstanden es nicht. Es war eben ein klassisches Ata-Tak-Publikum, das Kunst wollte und zur Not auch die ironische Kunstfigur Andreas Dorau, nicht aber den Dorau von Dance und Disco und guter Laune, das stand bei diesem Publikum unter Dümmlichkeits- und Hedonismusverdacht. Mit dem Bühnen- und Kostümbild hatte ich mir auch keinen Gefallen getan, ich hatte es selber entwerfen müssen, weil Moritz Reichelt sich ganz für das aufwendige »Der-Plan«-Bühnen- und Kostümbild aufgerieben hatte, und so trugen wir alle nur graue Rentnerjogginghosen und graue T-Shirts mit meinem Bild darauf, außerdem gab es drei große Pappaufsteller mit nochmal meinem Bild darauf, das kam dann wohl nicht nur ziemlich graumäusig, sondern zugleich auch noch ein bisschen eitel rüber, wie mir leider erst hinterher richtig klar wurde.

Das Beste an den Shows war noch, dass ab und zu Tommis Atari abstürzte. Atari-Computer waren sehr empfindlich gegen Bewegung, Stoß und vor allem Hitze, und da es im Laufe eines Auftritts auf der Bühne natürlich immer sehr heiß wurde durch die ganzen Lampen und die atmenden Menschen, stürzte der Computer immer mal wieder ab und musste neu hochgefahren werden. In den dadurch entstandenen Pausen unterhielt ich die Leute mit längeren Ansprachen. Das gefiel ihnen, weil es ihrem Verständnis von Verfremdungseffekt und Abwechslung und »Genialem Dilletantismus« entgegenkam, und da das das Einzige war, das ihnen an uns gefiel, habe ich im Laufe der Tournee solche Atari-Abstürze auch ganz gerne mal mutwillig von Tommi simulieren lassen, um wenigstens ein bisschen Freude zu verbreiten.

Das war keine einfache Tournee, denn in Wirklichkeit wurden wir alle ja nicht mehr gebraucht. Aber sie brachte mich zurück auf die Bühne. Und da wir nur noch zu dritt und somit keine richtige Band waren, fühlte ich mich ganz wohl dabei. Das ging auch Tommi und Matthias so. Dass wir nicht gut ankamen, war ja nicht unsere Schuld, hier versagte ganz klar das Ata-

Tak-Publikum, das für den Dance-Dorau noch nicht bereit war. Wenigstens hatte den Leuten mein Filmhochschulabschlussfilm gut gefallen, aber Tiere ziehen eben irgendwie immer.

Deutscher Dance:
Big Noise und City Space

Unsere Dance-Karriere betrieben Tommi und ich aber weiter. Wir hatten viele Stücke fertig und waren bereit für die Veröffentlichung unserer ersten eigenen Dance-Maxi. Für Ata Tak war das natürlich nichts, das hatten wir ja gerade auf dem harten Weg gelernt, dass das Ata-Tak-Publikum mit Dance nichts zu schaffen hatte. Und bei anderen Labels Klinken zu putzen war nichts für uns. Außerdem war es gerade modern, eigene Labels zu gründen. Deshalb gründeten wir mit unserem Schwabinger Freund und Mentor Robert Knon das Label »Big Noise«. Mittlerweile hatte sich die Dance-Vielfalt erledigt, Techno war das große Ding und der allerheißeste Scheiß war Trance. Wir traten mit Big Noise an, München und vor allem Schwabing auf die Techno-Landkarte zu bringen. Die erste Maxi, die wir auf Big Noise veröffentlichen, war dann auch das Techno-Stück »Invisible Man«, und wir veröffentlichen das

Stück genau so, wie es sich gehörte, in einer rein weißen Lochhülle, ohne Cover also, nur die Etikette auf der einen Seite mit dem Invisible Man des bekannten Horror-B-Movies aus den 30er Jahren bedruckt und auf der anderen Seite mit dem Projektnamen »Picasso Melody Five«. Wir ließen fünfhundert Stück davon pressen und brachten ein Exemplar stolz wie Bolle zu DJ Hell ins Größenwahn, wo er damals Resident-DJ war. Da kam es zu einer gewissen Ernüchterung. Denn Anfang der 90er Jahre änderte sich die Geschwindigkeit der Technostücke beinahe wöchentlich, sie wurden immer schneller. Als wir das Stück produziert hatten, waren wir noch auf der Höhe der Zeit gewesen mit den 126 BPM, die es hatte. Aber nun, nach all der Zeit, die mit Etikettenbasteln, Mastern und im Presswerk vergangen war, lag die angesagte Geschwindigkeit von Techno schon bei 132 BPM. DJ Hell sagte uns deshalb, dass er »Invisible Man« in seinem Set nicht spielen könne. Als er sah, wie traurig wir waren, spielte er es dann doch, aber hochgepitcht auf 132 BPM, und dadurch klang es schlecht, hatte keinen Druck mehr und fiel durch. Da wussten wir, dass wir die fünfhundert Maxis umsonst gepresst hatten. Wir gaben sie zwar noch zu irgendeinem Vertrieb, aber die Sache war verloren, bevor sie angefangen hatte. Das war dann auch das Ende von Big Noise und das Ende von Picasso Melody Five.

Aber nicht das Ende von Tommis und meiner Dance-Vision. Techno wollte uns nicht haben, nun gut, dann machten wir eben Trance, das war ohnehin die heißere Nummer. Ich kannte Marc Reeder von dem damals führenden deutschen Trance-Label MfS in Berlin. Dem schickte ich einige unserer Trance-Stücke und er wollte gern eine Maxi mit uns machen. Für die nannten wir uns Volumina und das Stück hieß »It's alright!«. MfS veröffentlichte die Maxi und es passierte nichts weiter.

Langsam wurden wir wütend und beschlossen, jetzt unseren ganzen Dance-Kram in einem einzigen Schwung herauszuhauen. Der ganze Maxi-Veröffentlichungskrampf ging uns auf die Nerven. Es war Zeit für einen großen Wurf.

Da traf es sich gut, dass ich kurz darauf Moritz Reichelt in Hamburg besuchte und wir uns bei einigen Joints darüber einig wurden, dass Ata Tak überaltert war, den Techno-Trend verschlafen hatte und es Zeit wurde, Ata Tak wieder als führendes Elektronik- (und das hieß zu jener Zeit Techno-)Label wieder aufzubauen. Wir entwarfen die Vision eines Samplers, der bei Ata Tak erscheinen und eine große Vielfalt modernster elektronischer, technoider Dance-Musik auf sich vereinen sollte. Die Stücke sollten alle von uns kommen, wir dabei getarnt als lauter unterschiedliche

Projekte. So wurde der Sampler »City Space« geboren, eine Compilation von 14 Tracks, von denen sechs von mir und Tommi stammten, es waren die Tracks, die sich so angesammelt hatten, und wir liefen damit unter den Projektnamen Kitschfinger, Boogie Mobile, Tiny Sexy People, Kernkraftwerk, Andreas Dorau und Orgyn. Fünf Tracks stammten von Der Plan/Pyrolator, die firmierten unter My Wonderful World, Der Plan, Groove Fighters, Hoover Men und Ghetto Twins, und dann gab es noch drei Tracks von anderen Leuten, auch alle unter Pseudonym.

Die erhoffte Ata-Tak-Renaissance fand aber nicht statt. Die Platte verkaufte sich nicht besonders gut. Für die Clubs war sie wohl auch nichts. Die ganze namenlose Techno- und Trance-Nummer funktionierte nicht richtig. Picasso Melody Five, Volumina, Kitschfinger – so ging es nicht weiter.

Es wurde wieder Zeit für Andreas Dorau.

Mein erstes Geld

Als kleiner Junge las ich am liebsten die Witzeseite in der Hörzu. Die hatten wir bei uns zu Hause immer. Und immer wieder sprang mir ins Auge, dass man für einen abgedruckten Witz dreißig Mark Honorar kriegen würde, das ließ mich nicht los. Bei einem Freund von mir hatten sie nicht die Hörzu, sondern die Funkuhr als Fernsehzeitschrift. Da standen auch immer Witze drin, die ich immer, wenn ich bei ihm zu Besuch war, las. Einen davon fand ich so gut, dass ich ihn mir dauerhaft merken konnte: »Sitzen zwei Frauen beim Kaffeetrinken. Sagt die eine: Sieht nach Regen aus! Sagt die andere: Schmeckt aber wie Kaffee!«

Irgendwann tippte ich diesen Funkuhr-Witz dann ab und schicke ihn an die Hörzu. Zwei Wochen später bekam ich einen Brief mit einem Dankschreiben und dreißig Mark Honorar. Im Dankschreiben wurde ich auch noch aufgefordert, mehr Witze zuzuschicken, wenn ich denn welche hätte.

Das faszinierte mich. Ich sah ein Riesengeschäft vor mir. Und ich hatte einen Plan: Ich würde Funkuhr- und andere Konkurrenzzeitschriften der Hörzu sammeln und im Keller einlagern, ein riesiges Archiv anlegen und so lange warten, bis sich niemand mehr an die Witze erinnern konnte, die darin standen. Ich rechnete mit zwei bis drei Jahren Wartezeit. Dann würde ich wöchentlich einen dieser Witze an die Hörzu schicken, jedesmal dreißig Mark kassieren und auf diese Weise steinreich werden.

Aber ich hatte nicht die nötige Geduld. Schon eine Woche später hielt ich es nicht mehr aus und schickte noch einen Funkuhr-Witz an die Hörzu. Diesmal ohne Erfolg. Da kam ich zu dem Schluss, dass die Funkuhr-Witze für die Hörzu in der Regel nicht gut genug waren und ich nur das eine Mal das besondere Glück gehabt hatte, einen unwahrscheinlich witzigen Witz erwischt zu haben.

Der Werbedeal

Es war das Jahr 1997: Meine neue Platte, sie hieß »70 Minuten Musik ungeklärter Herkunft«, war endlich fertig und schon im Presswerk. Die Elektro-Motor-Abteilungsleiterin Charlotte Goltermann und ich zerbrachen uns den Kopf darüber, wie wir die bloß bewerben sollten. Die Plattenfirma gab uns dafür nicht viel Geld und hatte überdies unser liebstes Marketinginstrument, das Chartpowergimmick, abgeschafft, weil die Charts jetzt nicht mehr durch Tippen seitens der Plattenhändler ermittelt wurden, sondern durch Online-Auswertung der Verkäufe an den Computerkassen. Da hatte man das menschliche Element bei der Chartfindung gnadenlos ausgemerzt. Wir aber glaubten noch an den Menschen und die Kraft des Chartpowergimmicks, wir wollten den Plattenhändler gnädig stimmen und meinen Platten den massenhaften Einzug in die Einzelhandelsregale ermöglichen.

Also brauchten wir Geld von außerhalb. Da traf es sich gut, dass sich eine Werbeagentur bei uns meldete und etwas mit uns machen wollte. Deren größter Kunde war die Zigarettenmarke P&S, die gerade neu erschienen war und im Markt platziert werden sollte. Da kam ein angeblich hipper, populärer, aber auch nicht allzu kommerzieller Künstler wie ich gerade recht.

Also trafen wir uns mit denen. Das Problem war aber, dass die kein Geld geben wollten, nur Naturalien. Eigentlich hatten sie nur einen mintgrünen Wackeldackel im 70er-Jahre-Retrolook, den wir ganz hässlich fanden, der den Werbeleuten aber extrem wichtig war. Mit dem Wackeldackel als Botschafter glaubten sie, die Marke bei der Zielgruppe ganz nach vorne zu bringen. Wir wollten die Verhandlungen schon abbrechen, weil wir uns eigentlich nicht vorstellen konnten, dass der Wackeldackel, hässlich, wie er nun mal war, bei den Plattenhändlern irgendetwas Positives bewirken konnte, wobei sowas andererseits bei Chartpowergimmicks nie wirklich vorhersehbar ist. Allerdings sagten die Leute von der Werbeagentur in einem Nebensatz auch noch etwas von »Zigaretten haben können bis der Arzt kommt«. Das war dann natürlich was anderes, das war die Wende in den Verhandlungen, wir ließen uns noch einmal versichern, dass das im Grunde unbegrenzte

Mengen Zigaretten für uns bedeutete, und machten den Deal perfekt.

Eine Woche später war Charlottes Büro vollgestellt mit Kartons voller mintgrüner Wackeldackel und Kartons voller Zigarettenstangen. Es sah aus wie im Hinterzimmer eines Im- und Exportgeschäftes. Die Wackeldackel verschickten wir über die Polygram-Poststelle an die Plattenhändler, und weil wir ihrer Überzeugungskraft nicht vertrauten, legten wir sicherheitshalber noch ein paar Schachteln Zigaretten drauf. Das brachte aber nichts, wohl weil die Plattenhändler oft schon Nichtraucher waren und auch mit mintgrünen Wackeldackeln nicht so viel anfangen konnten.

Aber uns blieben ja immer noch die Hunderte von Zigarettenstangen, mit denen wir schlagartig die beliebtesten Leute in der Polygram, wenn nicht gar in ganz Hamburg wurden. Man begrüßte uns freudig, besuchte uns in unseren Büros und schwatzte mit uns, klopfte uns in den Clubs auf die Schulter und lud uns auf Partys ein. Und wir revanchierten uns dafür mit Zigarettengeschenken, mal eine Packung hier, mal eine Stange da, wir fühlten uns wie GIs kurz nach dem Krieg.

So ging das einen ganzen Sommer lang. Im Winter machte ein bayerischer Journalist Fotos von mir, und weil er sich dabei schlecht behandelt fühlte, veröffentlichte er ein Foto, das mich mit einer anderen Zigarettenmarke zeigte. Ich rauchte die P&S nämlich nie selber, weil ich davon Husten bekam. Als die Leute von der Werbeagentur das Foto sahen, kündigten sie sofort den Deal, und das Leben wurde wieder normal.

Gitarrespielen und das Dorau-Prinzip

Ich bin ein evangelisches Pastorenkind. Deshalb legte man mir ständig nahe, irgendwelche Musikinstrumente zu lernen. Orff'sche Früherziehung, also stundenlanges Herumlaufen mit der Rassel im Kreis, Blockflöte und Altblockflöte hatte ich irgendwie hinter mich gebracht. Dann kam die Gitarre dran. Insgesamt habe ich neun Gitarrenlehrer verbraucht. Einer nach dem anderen warf mich raus. Im Gedächtnis behalten habe ich von meinen Gitarrenlehrern nur zwei: Frau Koslowski (Name geändert), die meiner Meinung nach eine Hochstaplerin war, und Holger Hiller, der mich schließlich auf die richtige Spur brachte, nämlich weg von der Gitarre und hin zur Elektronik.

Frau Koslowski gab Stunden für große Gruppen, da waren dann immer neun oder zehn Schüler auf einmal da. Deshalb fiel ich lange Zeit nicht als der Versager auf, der ich war. Die anderen waren ja auch nicht besser, selbst wenn sie sich Mühe gaben. Damit das den

Eltern nicht sauer aufstieß, veranstaltete Frau Koslowski einmal im Jahr ein Konzert, bei dem die Eltern ihre Zöglinge in Aktion sehen und stolz auf sie sein konnten. Das sah dann so aus, dass sie eine Halle mietete, alle ihre Schüler, also dreißig, vierzig klampfende Kinder, zu einem Orchester formierte und sie House of The Rising Sun spielen ließ, mehr war ja nicht drin. Das eine Mal, das ich dabei war, hatte ich schon nach drei Takten den Faden verloren und tat nur noch so, als spielte ich, und freute mich darüber, dass das keiner merkte. Ich hatte das Playbackspielen entdeckt und dachte, ich sei der Einzige auf der Welt, der diese Technik beherrschte. Ich bin Frau Koslowski heute noch ein bisschen dankbar dafür, obwohl sie mich später dann doch feuerte, weil ich sogar für ihren Standard zu schlecht war.

Holger Hiller war mein neunter und letzter Gitarrenlehrer. Ich kam zu ihm, weil er ein ehemaliger Mitschüler meiner großen Schwester war. Der Unterricht fand bei ihm zu Hause statt. Er ließ mich Platten mitbringen, schrieb mir die Akkorde der Songs auf und ich sollte das dann üben. Aber er kam natürlich bald dahinter, dass ich zum Üben nicht geboren war. Da, und das war nun das Geniale an Holger Hiller und der eigentliche Beginn meines Lebens als Künstler, kam es zu folgendem Dialog:

Holger Hiller: Du hast doch nicht geübt, oder?
Andreas Dorau: Ja.
Holger Hiller: Aber du willst doch Musik machen?
Andreas Dorau: Ja.
Holger Hiller: Guck mal hier, das ist eine Vierspurmaschine. Damit kannst du Stücke aufnehmen. Spiel mal irgendwas.

Ich spielte irgendwas und Holger nahm es auf. Dann sollte ich zu dem, was er aufgenommen hatte, etwas dazuspielen, das nahm er dann auf der nächsten Spur auf. Und dann noch einmal und noch einmal. Ich war glücklich. Es war die Offenbarung. Ab da ging ich immer einmal die Woche zu Holger Hiller und nahm einzelne Gitarrenspuren auf der Vierspurmaschine auf, schichtete und schichtete Gitarrenspuren übereinander. So, wie ich es danach immer wieder getan habe und heute noch tue, wenn ich Stücke schreibe. Das ist das Dorau-Prinzip: Einfach aufeinanderschichten! Die Hälfte der Stücke auf Der lachende Papst waren damals schon entstanden.

Meine Mutter bezahlte derweil immer weiter für den Gitarrenunterricht. Was ich dort wirklich tat, habe ich ihr nie erzählt. Aber es war gut angelegtes Geld.

Falsche Fahnen und Der lachende Papst

Durch Holger Hiller und seinen Gitarrenunterricht lernte ich eine Musikwelt kennen, die gerade erst entstand und die ich ansonsten, als fünfzehnjähriger Wandsbeker Junge, im Jahre 1979 niemals kennengelernt hätte. Und ich fing an, die einschlägigen Zeitschriften zu lesen, vor allem das Sounds, in der es eine Kolumne über neueste Musik aus Deutschland gab, geschrieben von Alfred Hilsberg, der dort auch zum ersten Mal den Begriff Neue Deutsche Welle verwendete. Alfred hatte auch ein Label namens ZickZack, das fand ich gut, da wollte ich eine Schallplatte veröffentlichen. Ich nahm die Aufnahmen, die ich bei Holger Hiller gemacht hatte und besuchte ihn in seinem Büro, in dem nichts als ein riesiges Sofa stand, auf dem er sich während des ganzen Gesprächs räkelte, während ich stehen musste. Ich spielte ihm also meine Aufnahmen vor und Alfred meinte, das sei ja alles ganz gut und schön und ich solle doch noch einmal wiederkommen, wenn ich neue Aufnahmen hätte. Das ging dann mehrmals so, immer wieder ging ich zu ihm hin und immer wieder wurde ich nach Hause geschickt.

Das wurde mir irgendwann zu doof. Ich wollte endlich eine Platte herausbringen und nicht immer nur vertröstet werden. Also ging ich auf den Flohmarkt und kaufte hundert alte Singles für fünfzig Pfennig das Stück. Da war alles dabei, Peggy March, Marschmusik, Bill Ramsey, Operetten, was weiß ich nicht alles. Ich legte sie alle über Nacht in die Badewanne, damit sich die Etiketten ablösten. Wenn die ab waren, blieb immer ein weißer Rest zurück, das war dann eine Art Proto-Etikett. Dann ritzte ich bei jeder Platte mit der Zirkelspitze neue Rillen hinzu, kratzte sozusagen neue Musik in die Platten, die sich dann mit Fragmenten der ursprünglichen Musik abwechselte. Dann entwarf ich ein Cover. Darauf stand »Falsche Fahnen«, das sollte Künstlername wie auch Musiktitel zugleich sein. Dazu gab es auch ein Bild, irgendein Foto irgendeines Kunstwerks. Single und Coverblatt tat ich dann immer zusammen in eine Klarsichthülle und machte alles irgendwie so passend, dass es möglichst wie alle anderen Singles aussah.

Mein Lieblingsplattenladen hieß Rip Off, der hatte sich auf Punk- und New-Wave-Platten spezialisiert und unterhielt auch einen Plattenvertrieb. Der Mann dahinter hieß Klaus Maeck. Der fand das Projekt super und nahm die hundert Platten gleich in den Vertrieb.

Dann ging alles rasend schnell. Ich hatte in der Zwischenzeit zwei Stücke bei Matthias Schuster im Geisterfahrerstudio aufgenommen und stellte mich damit wieder einmal vor Alfred Hilsbergs Sofa, und er wollte gleich mal eine EP mit vier Stücken von mir herausbringen. Auf die kamen die beiden neuen Stücke und zwei, die ich vorher bei Holger Hiller im Gitarrenunterricht zusammengeschichtet hatte. Eins von diesen vier Stücken war sogar schon mit Gesang, es hieß »Negermuskeln« und damit war das Drama schon losgegangen. Holger Hiller hatte im Gitarrenunterricht gesagt, dass dieses spezielle Stück aber auch Gesang brauche, und ich traute mich nicht, im Bekanntenkreis herumzufragen, und Holger Hiller wollte nicht singen. Er drängte mich stattdessen, dass ich selber singen solle. Auf die Frage, was denn überhaupt, zeigte er auf die Postkarten und Zeitungsausschnitte, die bei ihm zu Hause an der Wand hingen, und sagte, ich solle einfach über eins der Bilder singen. Eins davon zeigte muskulöse, schöngewachsene Afrikaner, und so kam es dann zu dem Lied. Der Text war eher kurz, minimalistisch, dafür sang ich ihn gleich mehrere Male. Ich habe diese Methode, zu Texten zu kommen, später noch oft verwendet.

Wenige Tage später kam ein Anruf von Klaus Maeck, dass die hundert Exemplare von Falsche Fahnen bereits ausverkauft seien und ob ich noch mehr davon herstellen könne. Ich hatte aber keine Zeit mehr dafür. Ich hatte außerdem mit Falsche Fahnen ja schon alles erreicht, was ich erreichen wollte, ich hatte eine Platte veröffentlicht und einen Artikel und eine Plattenbesprechung im Sounds gehabt, was sollte da noch kommen?

Und nun erschien ja auch schon »Der lachende Papst«, meine EP auf ZickZack. Sie bekam gute Rezensionen und verkaufte sich gut. Andreas Dorau wurde als hoffnungsvoller, junger Avantgardekünstler beschrieben. Eigentlich hatte ich die Platte ja unter einem anderen Namen veröffentlichen wollen, unter einem Projektnamen oder so, aber Holger Hiller hatte auf Ata Tak eine EP unter seinem eigenen Namen veröffentlicht, was eigentlich uncool war, mir aber nachahmenswert erschien, gar nicht mal, weil ich unbedingt meinen Namen irgendwo lesen wollte, sondern weil ich fand, dass »Andreas Dorau« so gut *klang*. Besser jedenfalls als »Holger Hiller«. Den Gitarrenunterricht besuchte ich auch nicht mehr, der war nicht mehr nötig, fand ich.

Das Thema Tiere

Mein erstes Tier war natürlich ein Hamster, ich hatte ihn mir gewünscht und meine Eltern schenkten ihn mir zu Weihnachten. Ich konnte am Heiligabend nicht richtig mit ihm spielen, kaum hatte ich ihn bekommen, schon musste ich ins Bett, ich war ja auch gerade mal fünf Jahre alt. Aber ich stand am nächsten Morgen ganz früh auf, stellte mich auf einen Stuhl und holte den Hamster aus seinem Käfig, der hoch oben auf einem Schrank stand, der Stuhl reichte nicht, ich musste auf eine geöffnete Schublade steigen, um ranzukommen. Ich balancierte also auf der Schublade auf Zehenspitzen, griff den Hamster mit beiden Händen und hob ihn aus dem Käfig. Der Hamster zappelte und sprang über meinen Kopf hinweg direkt in den Tod.

Es sollte Jahre dauern, bis meine Eltern mir wieder ein Tier schenkten, diesmal einen Dackel, den ich mir sehnlichst gewünscht hatte. Als ich aber unter den Weihnachtsbaum guckte, war da kein Dackel, was mich so aufregte, dass ich zu schreien begann. Meine Mutter, die hinter mir mit dem Dackel in einem Sessel saß, war davon so genervt, dass sie mir den Hund in den Rücken warf. Dann schickte sie mich ins Bett, weil ich mal wieder die Beherrschung verloren hatte. Am nächsten Morgen stand ich ganz früh auf, um endlich mit dem Dackel spielen zu können. Nur in Unterhose lief ich ins Wohnzimmer und freute mich, den Dackel zu sehen. Der Dackel, der auch noch ganz jung und verspielt war, freute sich ebenso und sprang an mir hoch und biss mir vor Freude in den Hodensack, dass es blutete. Ich habe ihm das nicht weiter übel genommen und wir wurden gute Freunde, bis er starb.

Meine Schwester war noch tierlieber als ich, so sehr, dass sie freiwillig und unbezahlt in einem Zoogeschäft arbeitete, von wo sie in den Ferien Tiere zur Betreuung nach Hause mitnehmen durfte. Besonders stolz waren wir, als sie einen Affen mitbrachte. Der war aber kein gutes Tier, er hing die ganze Zeit an der Lampe in meinem Zimmer, biss und kratzte und kackte auf einen herunter.

Einmal nahm sie mich mit, als sie mit einigen Freundinnen zur Zoohandlung ging, um die neu eingetroffenen Tiere zu bestaunen. Es war ein langer Fußweg, aber das nahm ich gern in Kauf. Aber als ich vor einem Vogelkäfig stand, drehte mir ein großer Vogel den

Rücken zu und sprühte mich von oben bis unten mit Kacke voll. Meiner Schwester und ihren Freundinnen war das peinlich und sie liefen schnell weg. Ich musste den ganzen Weg heulend und vollgeschissen nach Hause laufen. Da war ich gerade mal sieben Jahre alt.

Damals ging ich zur Grundschule und von dort gab es nur einen richtigen Weg zu meinem Zuhause und den musste ich gehen, einen anderen gab es nicht, die Grundschule war etwas seltsam gelegen. Leider lauerte eine Zeitlang ein Hund auf dieser Strecke, griff mich regelmäßig an und biss mich auch. Komischerweise immer nur mich und nie eines der anderen Kinder. Meinen Eltern gegenüber war mir das peinlich und ich behielt die Sache für mich, deshalb wurde auch nichts gegen den Hund unternommen. Zum Glück war der Hund, genauso plötzlich wie er da gewesen war, nach vierzehn Tagen auch wieder weg. Ich habe ihn nie wiedergesehen. Ich kann mir heute noch nicht erklären, was für ein Problem dieser Hund mit mir hatte, vielleicht war es der Dackelgeruch, der ihn so gegen mich einnahm.

Später hatte ich eine Schildkröte. Die lebte in einem Käfig. Ich ließ sie einmal in den Garten, damit sie sich mal richtig austoben konnte. Als ich kurz abgelenkt war, lief sie weg. Ich hatte sie nur zwei Tage lang besessen!

Viele Jahre später, ich lebte schon in München als Filmstudent, ging ich mit zwei Modedesignerinnen über den dortigen Flohmarkt, auf dem Anfang der 90er Jahre viele Leute aus dem Osten Dinge verkauften, die man sonst kaum irgendwo bekam. Einer verkaufte ein Hundefell, das nach Art eines Eisbärenfells mit Kopf, Pfoten und Schwanz usw. ausgestattet war, also ein perfekter Kaminvorleger, nur etwas kleiner und weniger kuschelig. Den wollte ich gerne haben und der Preis war auch okay, aber die Modedesignerinnen waren gegen das Hundefell eingestellt, so sehr, dass sie drohten, mich alleine stehen zu lassen, wenn ich sowas kaufte. Da ließ ich es sein und ich ärgere mich noch heute darüber.

Aus diesen Geschichten wird eins deutlich: Im richtigen Leben waren Tiere meist grausam zu mir, ich aber auch zu ihnen, siehe der Hamster, obwohl der natürlich zum Teil selber schuld war. Im richtigen Leben haben die Tiere mich also meist enttäuscht. Und daraus erklärt sich vielleicht, warum Tiere sowohl in meinen Liedtexten wie auch in meinen Filmen immer größere, bedeutendere und auch dankbarere Rollen spielen als Menschen: weil ich nur in der Kunst in der Lage bin, zu ihnen eine Liebe auszuleben, die sie im richtigen Leben nie zugelassen haben.

neu!: Vom Dance zum Rock und zurück

Nun war ich nach der »Wir-werden-wieder-gebraucht«-Tour also auch als Andreas Dorau zurück in der Musikwelt. Nur dass meine Platte nicht in die Läden gekommen war, das war unbefriedigend. Deshalb stieß Joern Zimmermann, der inzwischen Anwalt bei Logic Records, der Frankfurter Snap-Firma, geworden war, bei mir auf offene Ohren, als er sagte: »Die einzige Chance, die ihr habt, ist, zum Major-Label zu gehen, nur dann werdet ihr wahrgenommen.« Mittlerweile war ein ehemaliger Tourmanager von mir in Hamburg Unterchef einer Unterabteilung der Polygram Records geworden, und da, so Joern, »sollte man mal nachfassen!«. In dieser Unterabteilung hatten sie einerseits Rock-Acts wie Philip Boa und Element of Crime unter Vertrag, andererseits aber auch Dance-Labels wie »Low Spirit« eingekauft und galten wegen beidem als mutig und progressiv, und wir beschlossen, es da einmal zu versuchen.

Tommi und ich hatten mittlerweile schon wieder sechs Stücke zusammengeschichtet und mit denen gingen wir dort hin. Der mir ja schon von früher bekannte Unterchef und sein neuer Dance-Beauftragter Sascha Basler trafen sich mit uns und spielten das altbekannte Böser-Cop-Guter-Cop-Spiel: Sascha Basler war auf meiner Seite, der Unterchef war für die Bedenkenträgerei und Verunsicherung zuständig. Am Ende machten sie ein Angebot, das so sittenwidrig schlecht war, dass wir nur deshalb zusagten, weil ansonsten nur noch Ata Tak in Frage gekommen wäre. Also unterschrieben wir bei Polydor Progressive einen Künstlervertrag.

Dann kamen die Überraschungen: Eigentlich waren Tommi und ich davon ausgegangen, dass wir die Platte selber aufnehmen und auch abmischen würden, aber kaum hatten wir unterschrieben, sagte der dann doch sehr konservative und ängstliche Unterchef, dass die Platte für die Firma ein großes Risiko sei und er sie zur Sicherheit von einem erfahrenen Hitproduzenten, nämlich dem Produzenten der Ärzte, Uwe Hoffmann, abmischen lassen würde. Wir schauten in unseren Künstlervertrag und mussten feststellen, dass wir keinerlei Einspruchsrechte hatten. Es musste alles so gemacht werden, wie der Unterchef es wollte. Immerhin war Tommi mittlerweile nach Berlin gezogen und mit

Inga Humpe zusammen. Das Studio von dem Ärzte-Produzenten war auch in Berlin. Da hatte wenigstens Tommi es nicht weit und Inga Humpe konnte mir ganz viel in Bezug auf meinen Gesang beibringen, und so sang ich wenigstens alle Stücke noch einmal neu und war das erste Mal in meinem Leben mit meinem Gesang wirklich zufrieden. Mit allen anderen Vorschlägen und auch mit dem Mix von Uwe Hoffmann konnten wir uns leider nicht so anfreunden, er war im Wesentlichen bemüht, die Platte in Richtung witzig, poppig und gesangslastig zu bewegen, das war uns nicht so recht, wir sahen unsere Stücke als Dance und die Stimme eher als schmückendes Beiwerk.

Die Mixe funktionierten auch nicht gut. Zum Glück merkte das sogar der Plattenfirmen-Unterchef, wohl weil seine Vorgesetzten ihm das gesagt hatten, deren Worte bei ihm immer Gesetz gewesen waren. Wir wollten die Platte dann endgültig selber mischen, aber noch immer ließ man uns da nicht ran. Wenigstens kam jetzt der Dance-Beauftragte, Sascha Basler, endlich zum Zuge. Der schickte uns nach Münster zu seinem alten Kumpel und Technoproduzenten Bernd Burhoff, der gerade einen Riesenerfolg mit dem Act »Dune« gehabt hatte. So gingen wir also nach Münster, wo Tommi mit Bernd Burhoff alles noch einmal neu abmischte, das dauerte einen Monat, in dessen Verlauf wir einiges über Münster lernten, von dem ich das meiste aber schon wieder vergessen habe. Im Grunde war es dort bärenlangweilig, nur die Musik hielt uns bei Laune.

Im Zuge der Veröffentlichung von »neu!« geschahen viele bemerkenswerte Dinge.

Erst wurde auf Drängen Joern Zimmermanns beschlossen, als erste Single ein Stück zu nehmen, das schon auf der Platte davor gewesen war, nämlich »Stoned Faces Don't Lie«. Das musste ich dann im neu!-Sound noch einmal aufnehmen.

Dann wurde die Veröffentlichung aus heiterem Himmel von der Plattenfirma um ein halbes Jahr verschoben. Sie hatten gerade mit Low Spirit einen Riesen-Technohit, nämlich Marushas »Somewhere Over The Rainbow«, und waren dadurch total überlastet. Ohne dass ich sie darum gebeten hätte, steckten sie mir zur Entschädigung zehntausend Mark zu, die sie wahrscheinlich später mit meinen Lizenzen verrechnet haben. Es kam aber wie eine großzügige Geste rüber.

Als die Platte endlich herauskam, litt ich unter sehr, sehr schweren, unglaublich schmerzhaften Nebenhodenentzündungen, erst links, dann rechts. Das zog sich über mehrere Monate und mehrere Krankenhausaufenthalte hin, und mitten hinein kam die Plattenveröffentlichung. Nun musste man ja immer Interviews geben, wenn man ein Album veröffentlichte, als Single-Künstler und One-Hit-Wonder war das nicht so sehr der Fall, bei Alben aber eben schon. Und wenn man wie ich nicht auf viele Radiospielungen hoffen konnte, waren die Presse und die damit einhergehenden Interviews natürlich enorm wichtig. Und jetzt stand auch noch die Polydor dahinter, da hatte ich zum ersten Mal nach langer Zeit die Chance auf viele Interviews und Artikel, das wollte ich mir auf keinen Fall entgehen lassen.

Deshalb gab ich die Interviews in Hotelzimmern, im Bett liegend, mit unter der Decke nichts an, mit Kühlpacks, von denen meine Promoterin halbstündlich neue anreichen musste. So ging das vier Interviewtage lang, täglich sechs, sieben Stunden am Stück, in Hamburg, Berlin, Köln und München. Von Stadt zu Stadt wurde ich liegend in einem Krankenwagen transportiert. Es war eine harte Zeit, aber es hat sich gelohnt. Die neu! war für mich sowas wie ein Comeback-Album und ist heute noch meine Lieblingsplatte.

Kriegsdienst: Ich höre nicht gut, aber mein Vater konnte gut schießen

Ich gehöre zu den letzten geburtenstarken Jahrgängen, deshalb wurde ich erst spät für die Bundeswehr gemustert, da war ich schon zweiundzwanzig und studierte und wohnte in München. Dort fand auch die Musterung statt. Mir war gleich klar, dass ich nicht zur Bundeswehr wollte, der ganze Laden war mir nicht geheuer, ich hatte es ja als Kind schon im Fußballverein nicht ausgehalten, wie hätte ich da bei der Bundeswehr wohnen und arbeiten können? Das Einzige, was ich bei der Bundeswehr in Ordnung fand, war die Musik, aber ich konnte ja wohl kaum hoffen, von denen als Musiker genommen zu werden.

Verweigern wollte ich aber auch nicht, weil ich dafür zu faul und zu unüberzeugt war. Papierkram lag mir nicht und meinen Pastorenvater ins Feld zu führen, was ich zwangsläufig hätte machen müssen, war mir zutiefst zuwider. Also musste ich bei der Musterung versagen.

Ein Freund von mir hatte das mit der Simulation von Schwerhörigkeit geschafft. Er hatte gesagt, er sei Musiker und dann hatte er die Hand immer sehr spät hochgehoben, als sie den Gehörtest mit ihm machten. Kinderspiel, das konnte ich auch. Ich gab mich als Musiker aus, der Arzt schraubte an seinen Kontrollfeldern herum und ich hob immer sehr spät die Hand. »Das sieht schlimm aus«, sagte der Arzt und er schlug vor, den Test zu wiederholen. Wieder hob ich die Hand spät, aber ich konnte natürlich nicht kontrollieren, wie und wo und wann er auf seinen Kontrollinstrumenten herumdrehte, das Gerät war für mich nicht gut einsehbar und mein musikalisches Gehör und mein Lautstärkegefühl waren nicht gut genug, um die Ergebnisse vom ersten Test zu verifizieren. Der Mann drehte irgendwie langsamer oder schneller oder wie auch immer die Lautstärke hoch und ich hatte keinen Plan mehr, wann ich den Arm heben sollte. Jedenfalls sagte der Arzt nach der Wiederholung des Tests etwas von »War wohl nichts!« und »Netter Versuch!« und schrieb mich tauglich. Ich versuchte noch, meine Rückenschmerzen in die Schlacht zu werfen, aber da hörte schon keiner mehr hin.

Heute bin ich tatsächlich schwerhörig. Die Ärzte sagen, es sei zu viel zu laute Musik gewesen, da hören die Ohren bei den hohen und mittleren Frequenzen nicht mehr so gut. Ich komme gut damit klar, weil mein Vater auch schwerhörig war und ich es daher von Kindheit an gewohnt bin, laut zu sprechen. Vielleicht habe ich auch die Schwerhörigkeit von ihm geerbt und das Musikersein hat damit gar nichts zu tun. Was ich auch von ihm übernommen habe, ist die Liebe zur Marschmusik, die er den ganzen Tag lang spielte. Trotzdem war er Antikriegstyp und Pastor, daran sieht man mal, dass solche Dinge nicht unbedingt zusammengehören müssen.

Um die Bundeswehr zu vermeiden, musste ich dann also doch verweigern. Dabei ging ich dann kein Risiko mehr ein und nahm mir gleich für die erste Verhandlung einen Anwalt, einen Linksanwalt aus München, der mich für die Fragen trainierte. Am Verhandlungstag fuhr ich mit ihm im Fahrstuhl zu der entsprechenden Etage im Hochhaus des Kreiswehrersatzamtes, so hieß damals das, was heute die Bundeswehr-Karrierecenter sind. Ich fuhr also mit dem Anwalt im Fahrstuhl und motivierte mich währenddessen mit dem Vor-mich-hin-Murmeln des Mantras: »Ich bin Bambi! Ich bin Bambi!« Wie ich darauf gekommen war und was ich mir dabei dachte, weiß ich bis heute nicht. Aber irgendwie war ich von der Rolle und die ganze schöne Vorbereitung mit dem linken Anwalt war für die Katz, ich kam nicht in die klassische Pazifistenrolle hinein, sondern erzählte irgendwann eine längere Geschichte von meinem Vater, der ein ausgezeichneter Schütze und an der Ostfront gewesen war und dort aber immer nur in die Hinterbacken der Leute geschossen habe, um sie ins Lazarett zu bringen. Das kam so gut an, dass die drei Prüfer mich als Kriegsdienstverweigerer anerkannten, mir die Hand schüttelten und mir sagten, ich solle meinen Vater schön von ihnen grüßen, sie hätten das auch alles mitmachen müssen und sie hätten es nicht gern getan.

Der Linksanwalt war allerdings nicht so begeistert von meiner Neuinterpretation des Pazifismus. Zumal ich ihm danach sagte, dass ich auf Zivildienst aber auch keine Lust habe und er mir bitte dazu verhelfen solle, aus dieser Sache auch noch rauszukommen. Er gab mir nur die Adresse eines dubiosen Arztes und schlug sich in die Büsche.

Der dubiose Arzt, der sehr freundlich war, stellte bei mir Angst vor fremden Menschen fest. Damit wurde ich dann auch vom Zivildienst befreit.

Ich kann übrigens auch gut schießen, auch das habe ich von meinem Vater geerbt. Auf dem Hamburger Dom bin ich der King. An der Schießbude hole ich alles runter, egal ob Rose oder Bär.

Autogramme

Als Kind sammelte ich eine Zeitlang Autogramme, wobei es mir völlig egal war, ob es sich um Schauspieler, Musiker oder sonst was handelte. Hauptsache man hatte die Leute schon mal im Fernsehen gesehen.

Ich kam auf dieses Hobby, weil mein Schulweg am Studio Hamburg vorbeiführte und ich irgendwann dahinterkam, dass da Stars ein- und ausgingen. Und da sich das Ende der sechsten Schulstunde genau mit der im Studio Hamburg gewerkschaftlich vorgeschriebenen Mittagspause kreuzte, ging ich oft in die Studiokantine und holte mir Autogramme von den Leuten, die dort gerade saßen und aßen und mir deshalb nicht aus dem Wege gehen konnten. Das war sehr ergiebig und hat mir etwa ein Jahr lang viel Spaß gemacht. Ich habe noch heute zwei Schuhkartons voller Autogrammkarten.

Umso erstaunlicher, dass ich mich lange Zeit als Künstler überhaupt nicht damit anfreunden konnte,

Autogramme zu geben. Die ersten Jahre meiner Musikkarriere, also die Jahre, in denen ich am berühmtesten und gesichtsbekanntesten war, habe ich mich standhaft geweigert, Autogramme zu geben. Die von den Sammlern erfragten Autogrammkarten hatte ich auch nicht. Wenn ich andere Musiker sah, die Autogrammkarten hatten, sanken die sofort tief in meiner Achtung.

Natürlich galt ich deswegen als arrogant und böse bei den Autogrammsammlern. Das war mir auch nicht recht. Deshalb diskutierte ich mit ihnen und versuchte ihnen zu erklären, warum ich keine Autogramme gab, legte ihnen ausführlich dar, warum ich mich selbst nicht als Prominenten sah, was ich am Autogrammsammeln zweifelhaft fand und dass ich Personen- und Starkult überhaupt ablehnte. Das sahen die Autogrammsammler natürlich ein, sie nickten, hatten Verständnis und wollten dann bitte ein Autogramm haben.

Das war auf jeden Fall sehr unbefriedigend und machte alle Beteiligten unglücklich. Irgendwann änderte ich mein Verhalten, ich glaube, es war, als »Girls in Love« in Frankreich ein großer Hit wurde und dort endlich auch einmal autogrammsammelnde *Kinder* zu mir kamen. Mit ihnen diskutierte ich nicht und schon gar nicht auf Französisch. Da war dann das Eis gebrochen und seither unterschreibe ich alles, was man mir hinhält.

Goldverleihungen: Hier kommt der Neid!

Die Zeit, in der ich bei der Polygram sowohl als Künstler wie auch als Video Consultant beschäftigt war, war die Zeit des großen Techno-Booms. Alles, aber auch ausnahmslos alles, was als Technomusik herausgebracht wurde, bekam Goldene oder auch gleich Platin-Schallplatten verliehen, wobei es, und das war dann auch neu, jetzt Goldene CDs waren, die wurden in Rahmen geklebt und auf das Allerhässlichste ausgestattet. CDs sind ja ohnehin kein schönes Format, aber als Goldene CDs in womöglich drei-, fünf- oder sechseckigen Rahmen mit irgendwie collagierten Bildern von nackten Frauen dahinter sind sie einfach das Grauen. Und wenn es nackte Frauen waren, war das noch die niveauvollere Seite der Techno-Goldverleihungsorgie, schlimmer waren noch esoterische Motive, Farbschlieren, Photoshop-Ursünden und Typoverhunzungen, in die sich die völlig überbezahlte Techno-Grafikgemeinde hineinsteigerte. Dazu kamen noch andere schlimme Erscheinungen wie die peinliche Suche nach originellen Partylocations, für die sogar Agenturen beschäftigt wurden, die dann Bordelle, Jugendfreizeitheime oder Fernsehturmaussichtsrestaurants casteten, was alle dann ganz toll fanden. Am allerschlimmsten aber war die Unsitte, jeden, aber auch jeden, der das Wort »Technics« fehlerfrei oder wenigstens fast fehlerfrei aussprechen konnte, bei diesen Gelegenheiten an die Plattenteller zu lassen, sodass die Goldverleihungspartys auch noch zu Exzessen schlechten DJ-tums verkamen.

Das einzig Gute an den Goldverleihungen war, dass aller Alkohol – und es gab wirklich alles, Bier, Schnaps, Wein, Champagner, Cocktails, was immer man wollte – umsonst war und es schon um achtzehn Uhr losging, da konnte man früh mit der Arbeit aufhören, ab sechzehn Uhr wurde im Büro schon vorgeglüht, sonst hätte man, das wusste man ja, das alles niemals ertragen. Die eigentliche Preisverleihung war dann meist spät, gegen einundzwanzig, zweiundzwanzig Uhr, bis dahin mussten alle total enthemmt sein, um die Chuzpe aufzubringen, auf den Billigtechno, der bei der Polydor damals großgeschrieben wurde, irgendwie anzustoßen und Lobreden zu halten und was immer da sonst noch an kulturellen Leistungen erwartet wurde.

Mein Problem war nun, dass Alkohol mich bei Goldverleihungen nicht friedlicher, konzilianter und emotional großzügiger machte, sondern im Gegenteil alles aus mir herausholte, was ich sorgsam versteckt wissen wollte: Aggressivität, Neid, Hass, Missgunst, künstlerische Intoleranz. Das hatte natürlich Gründe, die man auch gut nachvollziehen kann: Man hatte mich, Fred vom Jupiter betreffend, zeitlebens um eine Goldene, ja eine Platin-Schallplatte betrogen, wahrscheinlich sogar mehrmals. Außerdem war ich als Musiker bei derselben Plattenfirma unter Vertrag wie die, die da ihre hässlichen Trophäen abholten, und ich war mir, wenn ich betrunken war, sicher, dass es nur dem Umstand, dass die Plattenfirma mich vernachlässigte, zu verdanken war, dass ich nicht ebenso da oben stand und geehrt wurde.

Deshalb war ich nicht der richtige Mann dafür, im entscheidenden Moment stillzuhalten. Die eigentlichen Goldverleihungen liefen ja immer nach demselben Muster ab: Erst eine peinliche Ansprache des Labelchefs, die verklausuliert darauf hinauslief, dass alles sein Verdienst sei, dann das Heraufstolpern aller möglichen mehr oder weniger beteiligten Plattenfirmen- und Musikerleute, die ihren neuen Wandschmuck abholten. Das war dann oft schon der Moment, an dem ich ins Spiel kam, indem ich mich, mittlerweile bis zur Besinnungslosigkeit betrunken, gerne mal dazwischendrängte und versuchte, mich für einen der anderen auszugeben und so auch ein Exemplar zu ergattern. Leider kannten mich natürlich alle im Raum, und so ging das nie gut aus. Aber es gab immer noch eine zweite Chance, die war, wenn sich alle mit ihren Goldenen CDs für das große Abschlussfoto aufbauten. Auf diesen Fotos kann man heute noch, wenn man genau hinschaut, links oder rechts am Bildrand eine Person oder wenigstens eine nicht zuzuordnende Hand entdecken, die nach einer der Trophäen greift.

Trotzdem durfte ich immer wieder auf die Partys gehen. Wahrscheinlich weil alle immer so betrunken waren, dass sie sich am nächsten Morgen an nichts mehr erinnerten. Oder sich nicht mehr erinnern wollten. Auch die Fotos wurden aus einer gewissen Schamhaftigkeit heraus nie wieder angeschaut! Nicht einmal dann, wenn sie im Branchenblatt veröffentlicht wurden.

Die Sache endete erst, als ich das Fred-vom-Jupiter-Trauma überwunden hatte, nämlich mit der Verleihung einer französischen Silbernen Schallplatte (»disque d'argent«!) für »Girls in Love«.

Filmkomponist: Manta der Film

Im Internet werde ich hier und da auch als »Filmkomponist« geführt. Manchmal heißt es sogar, ich habe Filmmusik »geschrieben«. Das ist insofern wahr, als ich tatsächlich die Filmmusik für »Manta – der Film« verantworten muss. Die Geschichte dahinter ist schnell erzählt:

Es war im Jahr 1991 und ich studierte noch an der Filmhochschule in München. Mein Mitbewohner war Assistent des Filmproduzenten Hanno Huth von Senator Film. Hanno Huth plante einen Film, der auf der gerade grassierenden Manta-Witze-Welle surfen sollte. Dabei hatte er es sehr eilig, denn man wusste, dass zur selben Zeit ein anderer Manta-Film von seinem großen Konkurrenten Bernd Eichinger von der Neuen Constantin geplant wurde. Alles musste schnell, sehr schnell gehen. Deshalb wurde nicht lange überlegt, mein Weg zu Hanno Huth war nun mal kurz und ich bekam den Auftrag für die Filmmusik und eine Menge Geld auf die Hand.

Das Problem war nun aber, dass es unbedingt Rockmusik sein oder jedenfalls die Anmutung von Rockmusik haben sollte, denn das Zielpublikum – prollige, autobesessene, männliche Freunde billiger Witze – kannten 1991 noch keine andere Musik.

Da ich von Rockmusik keine Ahnung hatte, was ich natürlich weder meinem Mitbewohner noch Hanno Huth unter die Nase rieb, musste ich mir etwas einfallen lassen. Zunächst einmal ging ich zu Tommi Eckart, weil ich mit ihm damals alle Musik machte und mir in München sonst niemanden vorstellen konnte, zu dem ich ein vergleichbares Vertrauen hatte. Leider hatte Tommi mit Rockmusik auch nicht viel am Hut. Das machte aber nichts, im Grunde brauchten wir ja nur Rockschlagzeug und Rockgitarren, den Rest konnten wir selber machen, Synthiebass und so weiter. Auf Studio-Musiker hatten wir keine Lust, die waren uns suspekt und zu teuer, und auf Rockmusiker schon mal gar nicht. Was hätten wir denen auch sagen sollen, wie hätten wir sie anleiten können?

Stattdessen nahmen wir einen Teil des Geldes und kauften alle möglichen obskuren Rockmusikplatten. Von denen sampelten wir Gitarrenriffs und Schlagzeugschnipsel herunter und bastelten die zusammen wie Legosteine. Das ging tatsächlich sehr gut. Es klang wie richtige Rockmusik, nur eben auf moderne Weise hergestellt. Im Grunde ist es ja bei Filmmusik auch so, dass da immer nur zwanzig Sekunden Musik am Stück gebraucht werden, das kam uns bei dieser Methode sehr entgegen. Ein großes, zu variierendes Thema, wie etwa bei den Winnetou-Filmen oder bei »Frühstück für Tiffany«, wurde für »Manta – der Film« nicht gebraucht. Hier war die Musik rein funktional als Stimmungsverstärker vorgesehen, es gab eine Art Liebesthema, eine Art Spannungsthema und eine Art Actionthema und immer so weiter, und davon dann diverse Ausführungen in vielen kleinen Schnipseln. Es klang wie Kraut und Rüben, aber das machte nichts. Es war ein toller, einfacher Job, nach fünf Tagen gaben wir die Filmmusik ab und alle waren glücklich. Wir waren selbst erstaunt, dass niemand etwas zu mäkeln hatte, es wurden keine Verbesserungen, Veränderungen oder Anpassungen erwartet. Wahrscheinlich war es vor allem unsere Geschwindigkeit, die uns zugutekam, denn Hanno Huth hatte es immer eiliger und eiliger, Bernd Eichinger saß ihm im Nacken! Beim Schnitt des Filmes stellte sich dann heraus, dass der Film noch mehr Musikschnipsel benötigte, das musste dann ganz schnell gehen, da kam ein dringender Anruf und uns wurde noch mehr Geld für noch mehr Rockmusikschnipsel angeboten, Hauptsache schnell, mindestens zehn verschiedene Motive, die sollten schon am nächsten Tag geliefert werden. Tommi und ich nahmen das Geld, rechneten alles durch und machten einen genauen Zeitplan: Jede Stunde musste ein neues Stück fertig sein. Da sowas anstrengend ist, arbeiteten wir umschichtig: Die eine Stunde machte ich ein neues Stück, die nächste Stunde machte Tommi ein neues Stück. So wurde auch der Zusatzjob rechtzeitig fertig. Nur gut, dass niemand von der Senator Film Zeit hatte, einen Studiobesuch vorzunehmen. Denn wir hatten überhaupt kein Studio, nur drei billige, kleine, aber effektive Geräte in Tommis Schlafzimmer, mit denen wir das alles zusammenschichteten. Es wäre schwierig gewesen, den doch eher auf opulente optische Eindrücke und Production Value konditionierten Münchner Filmleuten zu erklären, warum wir kein riesiges Frank-Farian- oder Leslie-Mandoki-Studio hatten.

Außer unserer Musik wurden noch diverse Songs von außerhalb eingekauft, zum Beispiel von »Norbert und die Feiglinge« und Ähnliches. Die kamen dann alle auf den Original-Soundtrack. Unsere – eher funktionale – Score-Musik war ausschließlich für den Film reserviert.

»Manta – der Film« wurde dann tatsächlich schneller fertig als »Manta Manta«, das Konkurrenzprodukt vom Eichinger. Und er wurde der erfolgreichste deutsche Film des Jahres 1991.

Insofern hatten wir alles richtig gemacht.

70 Minuten ungeklärter Verwirrung

Die neu! erschien 1994 und war ein veritabler Erfolg. Ich war nicht nur künstlerisch äußerst glücklich mit diesem Album, es hatte sich auch für meine Verhältnisse gut verkauft, ich fühlte mich nicht einmal missverstanden dabei, es war das perfekte Album. Und weil es sich so gut verkaufte, hatte auch die Plattenfirma Blut geleckt und drängte mich, jetzt bitte schnell mit einem Nachfolge-Album um die Ecke zu kommen.

Nun muss man zum Thema »Nachfolge-Album« eins wissen: Es ist ein Elend! Man kann da eigentlich nur alles falsch machen. Für mich war es geradezu ein Déjà-vu: Ich hatte das alles in den 80er Jahren schon einmal erlebt. Mein erstes Album, »Blumen und Narzissen«, war gut gelaufen und auch da war ein »Nachfolge-Album« fällig gewesen, das ich so schnell wie möglich liefern sollte, damit der »Erfolg nicht verpufft« und so weiter und so fort. Wie soll man damit umgehen? Meistens denkt man sich irgendwas aus, irgendeine Kopfgeburt, um damit irgendwie *künstlerisch* auf den kommerziellen Erfolg des Vorgänger-Albums zu reagieren. Nach »Blumen und Narzissen« hatte ich mir überlegt, mit dem Nachfolge-Album, das dann »Die Doraus und die Marinas geben offenherzige Antworten auf brennende Fragen« hieß, ein ambitionierteres, komplizierteres Werk abzuliefern. Solche Vorsätze gehen eigentlich immer in die Hose. Am Ende kann man doch nur die Stücke machen, die man hat und die einem einfallen. Sobald man damit anfängt, sich selber mit theoretischen Erwägungen und Vorgaben unter Druck zu setzen, ist das Scheitern vorprogrammiert. Und so war es mit »Die Doraus und die Marinas ...« auch gekommen.

Diese Erfahrung sollte mir in der Zeit nach der Veröffentlichung und dem Erfolg der neu! eigentlich eine Lehre sein, ich war mir der Nachfolge-Album-Gefahr durchaus bewusst. Ich zog nur die falschen Schlüsse aus dem Desaster von damals: Diesmal nahm ich mir vor, nicht ambitioniert-künstlerisch vorzugehen, sondern ich wollte stattdessen einfach dieselbe Platte – also die neu! – noch einmal machen. Das setzte mich natürlich genauso unnötig unter Druck, was die Schichtung neuer Stücke, deren Beschaffenheit, Charakter usw. betraf.

Und mit so einem Druck konnte ich auch diesmal nicht umgehen. Ich wich ihm deshalb einfach aus. Ich ging lieber saufen und raven als ins Studio, hielt Verabredungen nicht ein, war für Vorschläge meiner Mitstreiter nicht offen und ideenmäßig allgemein blockiert. Das war besonders hart für Tommi Eckart und auch Inga Humpe, die beide mit mir an dieser Platte arbeiteten, so hart, dass ziemlich bald klar war, dass Tommi und ich hier zum letzten Mal zusammenarbeiten würden. Aber diese Platte würde er mit mir noch zu Ende produzieren, das sicherte Tommi mir zu und das muss man ihm hoch anrechnen.

Charlotte Goltermann hatte dann die Idee, dass vielleicht frischer Wind der Produktion guttun könnte, und sie schickte mich mit zwei Stücken zu Ramon Zenker, einem Hitproduzenten (»Samba de Janeiro«) nach Düsseldorf. Das war okay, führte aber auch nicht zum mentalen Durchbruch. Es ging nur einfach irgendwie weiter und irgendwann war die Platte dann fertig und ich war todunglücklich. Sie war nicht das, was ich mir vorgestellt hatte, jedenfalls war sie nicht wie die »neu!«, und ich wusste überhaupt nicht, was ich von ihr zu halten hatte. Da war es natürlich kein Wunder, dass ich auch nicht wusste, wie ich sie betiteln sollte. Die Veröffentlichung musste um zwei Monate verschoben werden, weil ich einfach keinen Titel fand;

irgendwann hatte ich fünf DIN-A4-Blätter mit möglichen Albumtiteln vollgeschmiert und nach und nach alle wieder verworfen, es war furchtbar. Am Ende musste Tommi mich retten. Er schlug »70 Minuten Musik ungeklärter Herkunft« vor, das war gut, damit konnte ich mich anfreunden. Die Platte kam endlich raus und gleich danach musste ich auch auf Tournee gehen, weil die Tournee im Gegensatz zur Plattenveröffentlichung nicht hatte verschoben werden können.

Tommi war aber raus aus der Sache, das war ja vorher klar gewesen. Ich war nach der »neu!« mit ihm, Matthias Strzoda, Stefan Hoderlein und Moritz Reichelt auf Tour gewesen, jetzt musste ich ihn ersetzen. Für ihn kam Jimi Siebels von Ego Express und das lief auch gut.

Bloß ich lief nicht gut. Ich war, genauer gesagt, in einem Scheißzustand. Und merkte das auch noch. Deshalb betitelte ich die Tournee dann auch mit »Das Problem bin ich!«, was die meisten für einen Witz hielten, außer denen, die mich gut kannten. Man kann es so zusammenfassen: Die Tournee war ein Erfolg, ich war ein ziemliches Arschloch.

Auch die Platte lief erstaunlich gut. Sogar etwas besser als die »neu!«. Das hatte ich nicht erwartet und ich konnte es auch nicht deuten. Ich hatte ja kein Verhältnis zu ihr, und in so einem Fall nützt auch kommerzieller Erfolg nicht viel, wer will schon Erfolg mit etwas haben, mit dem er selber nichts anfangen kann?!

Heute, mit zeitlichem Abstand betrachtet, finde ich die »70 Minuten Musik ungeklärter Herkunft« ziemlich gut. Nicht ganz so gut wie die »neu!«, aber doch ziemlich gut. Und ich denke, dass sie ihren Erfolg zu Recht hatte.

Zumal sie mit »Girls in Love« noch ein Stück barg, das noch für einige Überraschungen sorgen sollte!

Girls In Love I: Grand Germain en France

Während der Arbeit an der LP »70 Minuten Musik ungeklärter Herkunft« besuchte ich in meinem ratlosen Zustand oft Flohmärkte, je weiter draußen in Hamburg, desto besser, ich war der Meinung, dass nur Flohmärkte in sozialen Brennpunkten am Stadtrand noch wirkliche Überraschungen bereithielten. Da kaufte ich immer Platten und nahm, weil ich sie meist nicht mehr schleppen konnte, immer ein Taxi zurück in die Innenstadt, das war auch wegen der gefährlichen U-Bahn-Linien, die da hinführten, die beste Lösung.

Im Rahmen einer dieser Streifzüge erstand ich eine Platte, wie ich sie so noch nie gesehen hatte. Es war eine Ramschcompilation, das war noch normal, aber hier war es schlimmer als sonst, indem diese Platte mit nur vier bekannten Interpreten lockte und deren Stücke mit dem restlichen No-Name-Kram zu Medleys verwurstet waren. Aber ein Stück in einem solchen Medley gefiel mir sehr gut, es hieß »Girls in Love«. Ich spielte es Tommi vor, er mochte es auch und wir ließen uns davon für ein eigenes Stück inspirieren, das hieß dann auch »Girls in Love«. Das Stück war so gut wie fertig, nur wollte mir partout, vom Titel einmal abgesehen, kein Text einfallen, Woche um Woche ging ins Land, das Album war so gut wie fertig, nur für dieses Lied hatte ich noch immer keine Wörter. Bis ich eines Nachmittags durch Schwabing ging und mich eine Inspiration überkam, so heftig, dass ich sofort in ein Schreibwarengeschäft laufen und mir Papier und Stift kaufen musste. Auf der Barer Straße auf- und ablaufend, kritzelte ich den Text aufs Papier, alle drei Strophen hintereinander und ohne großes Nachdenken. Er handelt von einer jungen Frau, die von ihrem Freund schlecht behandelt wird, so dermaßen schlecht, dass sie sich darüber umbringt, was ihren Freund dann wiederum sehr traurig macht.

Damit war die Platte fertig und sie kam unter dem Polygramlabel »Elektromotor« heraus. Charlotte Goltermann, die zuständige Abteilungsleiterin, fand mit mir zusammen gleich mehrere potentielle Single-Hits unter den Stücken. Mein Lieblingsstück, »Ich weiß es nicht«, sollte die erste Single-Auskopplung sein. Es gab Sekt und Party, alle waren guten Mutes. Aber in letzter Sekunde riss Charlotte Goltermann das

Ruder herum und verfügte in einem nächtlichen Anruf, dass Girls in Love erste Single sein sollte. Ich war am nächsten Morgen darüber noch so erbost, dass ich »Ich weiß es nicht« gleich ganz vom Album nahm. So wollte ich mein Lieblingsstück nicht behandelt wissen! Und als wir das Video zu Girls in Love drehten, drehte ich heimlich noch ein Video für »Ich weiß es nicht« mit. Da die Plattenfirma das natürlich nicht wissen durfte, konnte dieses Video allerdings auch nie veröffentlicht werden. Da hatte ich einen kleinen Denkfehler gemacht! Das Video zu Girls in Love drehte ich ansonsten in Schwarz-Weiß und zeigte am Ende das Mädchen, wie es von einem Hochhaus sprang. Sowas durfte man eigentlich nicht tun, weil die Plattenfirma zu Recht davon ausgehen musste, dass ein solches Video eher selten im Musikfernsehen gezeigt würde. Ich tat es trotzdem, aber nicht, weil ich sauer war, jedenfalls nicht nur. Das war auch, weil damals gerade eine Schlager-Retro-Welle mit D. Th. Kuhn und Konsorten lief, auf die ich keine Lust hatte und mit der ich nicht verwechselt werden wollte. Vor allem wurde bei denen so ein romantisierendes Pril-Blumen-Bild von den 70er Jahren gezeichnet, da wollte ich dagegenhalten. Mein Video spielte auch mit 70er-Jahre-Elementen, zeigte diese Dekade aber als eher grau und trostlos.

Als Girls in Love als Single erschien und nicht gleich ein Megahit wurde, schob man es auf mein Video und nannte mich den »Hitverhinderer«! Trotzdem lief die Single aber nicht schlecht, und ich war eigentlich ganz zufrieden damit.

Zu der Single erschienen zwei Maxisingles mit jeweils vier Remixen bekannter und nicht so bekannter elektronischer Musiker, das war damals so üblich. Unüblich war, dass die eine Maxi bei »Urban«, dem polygrameigenen Technolabel, erschien, die andere aber bei »Ladomat 2000«, dem Indie-Elektro-Label von Charlotte Goltermann und L'Age d'or. Das hatte ich damals mit der Polygram so ausgehandelt, dass ich immer zwei Remix-Maxis bekam und das weniger kommerzielle auf Ladomat 2000 erscheinen durfte. Einer dieser »nichtkommerziellen« Remixe war von Wolfgang Voigt, auch als »Mike Ink« bekannt, der bei dieser Veröffentlichung unter dem Namen »Grungerman« firmierte.

Wir hatten mit Girls in Love schon abgeschlossen und längst eine zweite Single, nämlich »So ist das nun mal«, veröffentlicht und mit einem Video versehen und was nicht noch alles, als plötzlich ein Anruf aus Frankreich kam, dass sich der »Girls-in-Love«-Remix von Grungerman in Belgien und Frankreich verkaufte wie geschnitten Brot und überhaupt ein massiver Clubhit war! Das war natürlich eine schöne Überraschung! Wir wurden nach Paris eingeladen und traten dort auf. Die französische Polydor schickte eine sehr nette Dame, die allerdings mit der Grungerman-Sache und dem Clubhit nichts zu tun hatte, das ging auf das Konto eines belgischen Technolabels, das den Track dann wiederum an ein italienisches Technolabel weitergereicht hatte, das auch einen Sitz in Frankreich hatte. Aber die französische Polygram wurde nun doch munter und die Dame erzählte uns, dass sie meine Originalversion nun kennengelernt und an das Radio verteilt hätten, und sie prophezeite auch dieser Single eine große Zukunft. Ich glaubte kein Wort, aber sie hatte recht: Vier Wochen später waren wir in Frankreich, Belgien und Holland in den Top 10. Die Frage ist bloß, mit welcher Version, ich weiß es bis heute nicht genau. Sicher ist, dass im Radio in Frankreich eher die Originalversion vom Album lief, in den Clubs aber eher der Grungerman-Remix, und wenn ich irgendwo Playbackauftritte hatte, musste ich mal zu dieser, mal zu jener Version performen. Manchmal klärte sich das erst, wenn das Playback startete.

Krönung war dann, dass ich eine Silberne Schallplatte bekam, die gab es in Frankreich damals noch, wenn man mehr als hunderttausend Singles verkaufte. Charlotte Goltermann hatte das herausgefunden und die

Franzosen so lange gepiesackt, bis sie mit so einer *disque d'argent* herausrückten. Es gab eine rauschende Silberverleihung in Hamburg, die mich mit dem Plattengeschäft für lange Zeit wieder versöhnte.

Natürlich kann man sich fragen, wie es kommt, dass einer, der ein Lied mit einer englischen Refrainzeile und drei deutschsprachigen Strophen singt, ausgerechnet in Frankreich damit einen Riesenhit landet. Die schönste und auch intellektuell befriedigendste Erklärung kam von Anne Schulte: Die Franzosen hätten »Grungerman« einfach in der mündlichen Erzählung als »Grand Germain«, als »Großer Germane« ausgesprochen, und da war ich nun mit meinen 1,76 und den blonden, gescheitelten Haaren genau der Richtige!

Girls in Love II: Ein Sänger, ein Bär und eine Frau in Paris

Höhepunkt der französischen Grand-Germain-Hysterie war ein Auftritt bei einem Radiofestival am französischen Nationalfeiertag in Paris. Wir traten zu dritt auf, wir waren für die Playbackauftritte ein eingespieltes audiovisuelles Team: Sänger, Bär und Frau. Der Sänger war natürlich ich. Moritz Reichelt und Stefan Hoderlein stritten sich immer darum, wer der Bär sein durfte und wer die Frau spielen musste. Beide Figuren hatten ihre Nachteile: Das Bärenkostüm war sehr heiß und stank. Das Frauenkostüm war sehr eng, so eng, dass Moritz sich immer in Frischhaltefolie einwickeln musste, bevor er hineinschlüpfen konnte.

Wir sollten um zehn Uhr hinter der Bühne sein, da mussten wir in Berlin, Hamburg und München schon ganz früh am Morgen losfliegen. Der Auftritt war dann aber erst gegen sechzehn Uhr. Die sechs Stunden zwischen Ankunft und Auftritt mussten wir in einer gigantischen Backstage-Zeltstadt mit etwa zweihundert Eurodance-Acts verbringen, die in der Regel aus einem schwarzen Rapper und zwei weißen Tänzerinnen bestanden, das war damals aus irgendeinem Grund so Usus. Uns war todlangweilig. Wir schlichen von Zelt zu Zelt und sahen den Eurodancern bei ihren Dehn- und Streckübungen zu. Reden taten wir mit niemandem! Etwa eine Stunde vor unserem Auftritt gab es vor der Bühne Tumulte und es wurden immer wieder Böller geworfen. Erst hieß es, wir würden deshalb nicht auftreten können, die Show müsste wohl beendet werden, aber dann sollte es plötzlich ganz schnell gehen und man scheuchte uns auf eine gigantische Bühne.

Noch nie im Leben hatte ich so viele Menschen auf einmal gesehen, sie reichten bis zum Horizont und weiter, es müssen Millionen gewesen sein. Beängstigend! Noch schlimmer aber war, dass die Techniker das Playback auf der Bühne so leise machten, dass ich kaum hören konnte, an welcher Stelle des Stücks wir uns gerade befanden. Lippensynchron ist was anderes! Dann flogen Böller und es begann eine Massenschlägerei, bei der sich Hunderte von Menschen vor der Bühne ineinander verkeilten. Das musste ich mir dann die ganze Playbackzeit über angucken und dabei von Liebe singen. Weiter hinten, am Horizont, gingen Telefonzellen in Flammen auf, ein Riot-Ghetto-Kitsch vor dem Herrn!

Wir brachten das Stück irgendwie zu Ende und uns hinter der Bühne in Sicherheit. Dort trafen wir auf Leute von der französischen Polydor, die wie immer alles ganz super fanden und unbedingt mit uns essen gehen wollten.

Die 3nach9-Enttäuschung

Ich war schon in diversen TV-Shows, aber das Größte war für mich, als ich zu 3nach9 eingeladen wurde, der beliebten und bekannten Talkshow von Radio Bremen, der einzigen Fernsehshow, die sowohl ich wie auch meine Mutter immer gern gesehen haben.

Die Reise ging schon gut los, da im Radio eine Sendung mit Uschi Nerke, der einstigen Moderatorin vom »Beatclub«, lief, auch so einer legendären Radio-Bremen-Sendung. Dabei lernte ich auch das schöne Wort »Klopfer«, was wohl die deutsche Übersetzung für »Stomper« ist. Als wir dann im Fernsehstudio ankamen und ich erfuhr, dass in genau dieser Halle auch der Beatclub immer aufgenommen worden war, war mein Glück perfekt. Besonders freute ich mich darauf, in der Sendung rauchen und trinken zu dürfen, da mir Sven Regener mal erzählt hatte, dass er in der Sendung immer schön nachgeschenkt bekommen und dabei immer ordentlich was weggequalmt hätte.

Wir kamen zu fünft dort an und sollten zwei Stücke spielen, aber vor allem sollte ich natürlich auch am Talk teilnehmen. Leider ließ ein anderer Talkgast, ein chinesischer Pianist namens Lang Lang, die Moderatoren uns andere Gäste darum bitten, in der Sendung mit Rücksicht auf ihn nicht zu rauchen, was ich etwas unverständlich fand, da er ja kein Sänger war und somit nicht auf seine Stimmbänder achten musste, aber ich wollte lieber keinen Ärger machen.

Mit dem Alkoholtrinken lief es nicht viel besser, von selber wurde nichts nachgeschenkt und auf meine verzweifelten Gebärden reagierte man nicht, wahrscheinlich hatte ich den Radio-Bremen-Code nicht so gut drauf wie Sven Regener. So saß ich dort drei Stunden lang auf dem Trockenen. Die Leute waren aber alle sehr nett zu mir und rückblickend ist mir alles auch lieber so, schließlich schaute damals meine Mutter zu und ich tat wenigstens nichts, wofür sie sich hätte schämen müssen!

Evergreens of Psychoterror I:
Im Künstlerhaus

Meine erste richtige Band, das hätte ich fast vergessen, waren aber nicht die Doraus und die Marinas, sondern ein Duo namens Evergreens of Psychoterror. Dieses Duo bestand aus mir und Albert Oehlen. Ich hatte »Der lachende Papst« schon veröffentlicht und plante im Rahmen meines Projekts, so viele Singles wie möglich auf immer anderen Schallplattenlabels herauszubringen, eine Single für das Düsseldorfer Rondo-Label. Dafür hatte ich einen unbekannten 50er-Jahre-Schlager gefunden, der handelte irgendwie von Indianern und ich habe seinen Namen auch mittlerweile wieder vergessen. Diesen Schlager wollte ich mit einem Schulkameraden, dessen Namen ich nicht sagen möchte, als Sänger aufnehmen. Außerdem sollte ein Saxophon mitspielen. Aufnehmen wollte ich das Ganze bei Matthias Schuster in Hamburg, der hatte auch die nötigen Instrumente, und ich hatte für die Stücke auf »Der lachende Papst« schon mit ihm gearbeitet. Nur ein Saxophon hatten wir beide nicht zur Verfügung und auch keinen Saxophonisten, obwohl sich damals das 80er-Jahre-Saxophongrauen eigentlich schon ankündigte.

Da fiel mir eine auf ZickZack erschienene Single einer Gruppe namens »Nachdenkliche Wehrpflichtige« in die Hand, auf deren Cover mehrere Leute mit Saxophon abgebildet waren. Einer davon war Albert Oehlen, den ich damals noch nicht kannte. Ich besorgte mir über Alfred Hilsberg seine Telefonnummer, erzählte ihm von meinem Projekt und er war dabei. Wir trafen uns im Studio und nahmen das Stück auf. Ich glaube, wir müssen uns irgendwie sympathisch gewesen sein, ganz Genaues weiß ich nicht mehr, aber irgendwie gab es später eine Anfrage aus dem Künstlerhaus in Hamburg, ob man dort nicht auftreten wolle, ich glaube, das lief über Albert, jedenfalls beschlossen wir, dort zu zweit aufzutreten unter dem Namen »Evergreens of Psychoterror«. Das Konzept war einfach, es sollte viel Krach und unheimlich anstrengend sein, der härteste Krach überhaupt! Albert würde Saxophon und gezupfte und geleckte Geige spielen und ich sollte mit meinem MS-20-Synthesizer und irgendwelchen Sachen vom Band dagegenhalten! Proben wollten wir dafür nicht, das fanden wir abstoßend. Wir einigten uns aber auf einen Dresscode: hellgraue Anzüge, weiße Hemden, dunkle Krawatte.

Kurz vor dem Auftritt kam auch noch Alberts Freund Werner Büttner und machte den Vorschlag, nach der Hälfte des Konzerts eine Nebelbombe zu schmeißen. Das fanden wir gut. Das Künstlerhaus, das bestuhlt war, war ausverkauft. Wir haben dann, als alle drin waren, die Türen abschließen lassen, damit keiner rauskam, wenn wir spielten. Das Konzert ging irgendwie ganz gut, es war laut und unangenehm. Etwa zehn Minuten nach Zünden der Nebelbombe, als nun wirklich gar nichts mehr zu sehen war, brachen wir das Konzert ab, wir hatten alles getan, was wir tun wollten. Das Publikum war sehr cool, das Konzert kam gut an, im Anschluss standen alle noch auf dem Hof herum oder gingen in die nahegelegenen Kneipen, nur ich nicht, ich war ja erst fünfzehn und durfte bei sowas nicht mit, deshalb fuhr ich, beeindruckt, aber auch etwas verstört, mit der U-Bahn nach Hause. Das war, wenn ich es recht überlege, das erste Live-Konzert, das ich je gegeben habe.

Zum darauffolgenden Silvester sollten wir noch einmal im Künstlerhaus bei einem ZickZack-Festival auftreten, aber Albert kam nicht, was wohl, wie Alfred Hilsberg sagte, ganz normal war. Da kam ich dann gerade noch rechtzeitig wieder nach Hause, um mit meiner Mutter die große ZDF-Silvestershow im Fernsehen gucken zu können.

Evergreens of Psychoterror II: Düsseldorf und Red Crayola

Fünf Jahre später, also etwa 1985, war ich in Düsseldorf, warum auch immer, als ich Albert Oehlen wiedertraf. Wir beschlossen spontan, wieder Musik zusammen zu machen. Im Ata-Tak-Studio war gerade nichts los, außerdem hatte Ata Tak bei mir Schulden, weil erst der Rip-Off- und dann auch noch der Eigelstein-Vertrieb pleitegegangen waren und sie mir meine Lizenzen gerade nicht auszahlen konnten. Dafür hatte ich uneingeschränkte Studiozeit bei ihnen gut. Das Ata-Tak-Studio hatte auch kurz zuvor aufgerüstet und eine 16-Spur-Tonbandmaschine angeschafft, das war eine kleine Sensation damals. Da gingen wir rein und nahmen noch einen Freund von Albert dazu, das war Mayo Thompson, den ich für seine Arbeit mit Red Crayola sehr bewunderte. Wir waren etwa vierzehn Tage im Studio und das nicht besonders originelle Konzept bestand darin, dass jeder nur Instrumente spielte, die er eigentlich nicht spielen konnte. Ich spielte Schlagzeug und noch irgendwas anderes, von dem ich auch keine Ahnung hatte. Wir tranken viel Rotwein Cola, rauchten viel und nahmen endlos auf, was gerade passierte. Irgendwann waren wir irgendwie fertig und Mayo nahm die Bänder mit, um sie »noch zu überarbeiten«. Danach hatte ich nie wieder etwas davon gehört und das alles eigentlich auch vergessen.

Aber vier Jahre später, 1989, traf ich Rainald Goetz bei WOM in München und er zeigte mir ganz aufgeregt die neueste Red-Crayola-LP, die hieß »Malefactor, Ade«, und Rainald war auf dem Cover mit drauf. Ich war zu meinem großen Erstaunen als Mitmusiker gelistet: Mayo hatte wohl Teile der Ata-Tak-Session auf dieser Platte verwendet. Rainald fragte mich, ob ich sie kaufen wollte, es war das einzige Exemplar im Laden und er wolle mir zur Not den Vorzug lassen. Aus irgendeinem Grund, wahrscheinlich spontanem Geiz und der Hoffnung, demnächst ein kostenloses Belegexemplar zu bekommen, verneinte ich, also kaufte Rainald sie.

Acht Jahre später, Anfang 1997, traf ich Mayo Thompson in Los Angeles, als ich dort gerade das Video für »So ist das nun mal« drehte, und tatsächlich schenkte er mir eine Platte, insofern hatte sich das Warten gelohnt.

Japan: Einsam, aber sauber!

Mitte der 80er Jahre durften alle meine Freunde, alle meine Künstlerbekannten, die ganze Peergroup, nach Japan fahren, nur ich nicht. Japan war in den 80er Jahren der hipste Scheiß und nur ich war davon ausgeschlossen.

Dann sollte eine Ata-Tak-Compilation für den japanischen Markt erscheinen und darauf waren auch einige Dorau-Titel. Ich beschloss, dass das mein Ticket nach Japan werden würde. Also verkündete ich überall in München, dass ich jetzt nach Japan zu einer Plattenpräsentation fahren würde und ob ich nicht, wo ich schon mal da war, irgendwas anderes für meine Landsleute dort miterledigen könnte. Das war natürlich ein Trick, um überhaupt erst das Geld einzusammeln, das ich für meine Reise brauchte. Glücklicherweise war Japan gerade in aller Munde. Vom Bayerischen Rundfunk bekam ich den Auftrag, zwei kurze Fernsehreportagen zu drehen, weil nämlich zu dem Zeitpunkt auch gerade Weltausstellung war, das traf sich ganz gut. Moritz Reichelt drehte in Deutschland gerade einen Film, in dem auch die japanische Band »Picky Picnic« vorkommen sollte, die Ata Tak neu unter Vertrag genommen hatte, also gab er mir ein bisschen Geld dafür, dass ich mit dieser Band eine Art Musikvideo drehen sollte.

Geld war nun also vorhanden, aber lange nicht genug, um in Japan, das ja bekanntlich extrem teuer ist, wie von mir geplant sechs Wochen zu bleiben und dabei auch noch in Hotels zu wohnen. Also fragte ich Moritz, der gerade erst in Japan gewesen war und viele Kontakte zu Künstlern dort hatte, ob er nicht einen wüsste, bei dem ich wohnen könnte. Er verschaffte mir einen Kontakt zu Akihiko Onishi, einem Performance-Künstler. Der war sehr nett, holte mich vom Flughafen ab und ich durfte die ganzen sechs Wochen bei ihm wohnen. Dazu muss man sagen, dass seine Wohnung aus nur einem Zimmer bestand, wie es in Tokio nicht unüblich ist. Er machte auch einen leicht genervten Eindruck, was ich überhaupt nicht verstand. Erst Jahre später erzählte er mir in München, wo er dann lebte, im Vertrauen, dass es in Japan völlig unüblich und total unhöflich war, bei jemandem privat zu übernachten, davon, das sechs Wochen lang zu tun, ganz zu schweigen.

In Japan war die Veröffentlichung einer ausländischen Platte immer ein kulturelles Großereignis. In diesem Fall wurden gleich zwei solche Ereignisse zusammengelegt, nämlich die Veröffentlichung der Ata-Tak-Compilation und einer Best-of-Einstürzende-Neubauten-Platte. Organisiert und bezahlt wurde alles von einer großen japanischen Kaufhauskette. Deshalb hing an einem gigantischen Hochhaus mitten in Tokio ein gigantisches Banner mit dem Ata-Tak- und dem Neubauten-Logo. Es gab eine große Pressekonferenz, und ich war der einzige Künstler, der anwesend war, von den Neubauten und vom Rest der Ata-Tak-Leute war keiner eingeladen – genauso wenig wie ich eigentlich. So saß ich dort ganz allein und wurde von über hundert japanischen Journalisten befragt. Dafür gab es extra eine Dolmetscherin, die mir die Fragen auf Deutsch übersetzte und meine Antworten zurück ins Japanische. Eine Frage war, wie ich die Einstürzenden Neubauten fände. Ich sagte schlicht: »Scheiße!« Nach der Veranstaltung erzählte mir Akihiko, dass sie das aus Gründen der Höflichkeit mit »Herr Dorau findet die Einstürzenden Neubauten sehr interessant« übersetzt habe.

Den Rest der Zeit drehte ich die Sachen für den Bayerischen Rundfunk und für Moritz Reichelt irgendwie runter und machte Musik mit Hajime Tachibana von der japanischen Gruppe Plastics und mit dem Gitarristen Akio Niitsu. Vor allem aber war ich einsam. Eigentlich immer. Ich hasse zwar den Film »Lost in Translation«, aber er ist vollständig wahr. Es gibt keine Stadt auf der Welt, in der man so einsam sein kann wie in Tokio.

Akihito nahm mich einmal an einem Nachmittag mit in einen Youth Club in der Hoffnung, dass ich dort mit Mädchen anbandeln könnte. Dort lernte ich tatsächlich ein Mädchen kennen, mit dem ich mich zehn Minuten unterhielt, dann musste sie sich übergeben. Das war sehr rätselhaft. Einige Jahre später passierte mir dasselbe in Hamburg noch einmal, auch mit einer Japanerin. Ich kann das nicht deuten.

Ein deutscher Musiker hatte mir vor meiner Abfahrt geraten, in ein sogenanntes »Sauna Bath« zu gehen, dort wären ganz tolle Frauen und man bekäme gleich beim Reinkommen ganz tolle Geschenke, seine Plattenfirma hätte ihn einmal in sowas eingeladen. Das tat ich dann in meiner Verzweiflung. Man bat mich, Platz zu nehmen, und führte fünfzehn bis zwanzig sehr schöne Frauen in Uniformen an mir vorbei, in denen sie an Stewardessen erinnerten. Nur Stewardessen, keine Krankenschwestern oder Polizistinnen oder sowas. Ich entschied mich für eine und ging mit ihr in ein sehr großes Badezimmer. Ich sollte mich ausziehen

und sie zog sich auch aus und dann wurde ich eine
Stunde lang ausgiebig gewaschen. Was das sollte, war
mir überhaupt nicht klar, ich regte mich nur ungemein
auf, weil alles so seltsam war. Danach bekam ich tatsächlich das erhoffte Geschenk, eine kostbare Holzschatulle mit einem perlmuttverzierten Fußreinigungsset. Dann musste ich etwa fünfhundert Mark
bezahlen. Weniger einsam wurde ich dadurch nicht.

Lass uns brennen

Mein Leben lang habe ich mich für Feuer interessiert. Vielleicht lange Zeit auch ein bisschen zu sehr. Es gab da einige unschöne Vorfälle. Einige waren eher harmlos, abgefackelte Adventskränze und dergleichen. Irgendwann reichte mir das nicht mehr. Ich wollte in jungen Jahren, etwa mit vierzehn oder so, ein Superheld sein, aber keiner von diesen mutierten Leuten, sondern eher einer, der nur dadurch Superheld wird, weil er das beschließt und entsprechend agiert. Und meine Waffe sollte das Feuer sein. Ein Kumpel von mir baute mir ein Flammenschwert, das war aus Holz, das man mit einem benzingetränkten Lappen umwickelte, den man dann mit acht um den Griff gebundenen, synchron zündbaren Feuerzeugen anzünden konnte. Das war sehr eindrucksvoll, aber irgendwann auch langweilig, deshalb fesselte ich meinen Kumpel an einen Pfahl inmitten eines riesigen Laubhaufens und zündete den an. Der brannte allerdings schneller, als mir lieb war, und ich hatte Mühe, meinen Freund aus den Flammen zu retten. Das Feuer zerstörte mehrere Bäume, die Feuerwehr und die Polizei kamen und ich hatte einigen Ärger deswegen.

Als mir in der Schule einmal langweilig war, zündete ich einen Baum an, fünf Bäume des Schulwalds brannten ab, aber ich konnte rechtzeitig fliehen und von meinen Mitschülern hat mich keiner verpfiffen.

Dann überlegte ich, zur Feuerwehr zu gehen, um aus meinem Hobby einen Beruf zu machen. Mit der Freiwilligen Feuerwehr in Tonndorf wollte ich anfangen. Als ich mich bei denen meldete, schwärmten sie mir erst einmal von ihren tollen Kameradschaftsabenden vor, da war gleich wieder Schluss.

Einige Jahre gingen ins Land und ich hatte meine pyromanische Leidenschaft einigermaßen im Griff, vielleicht wegen der ganzen Musik-, Film- und Kunstsache, solche Dinge lenken einen zur Not ein bisschen ab.

Erst in München gab es einen Rückfall, als mir auf der Geburtstagsparty von Johnny und Jenny Jürgens, den Kindern des bekannten Schlagersängers, die in einer neuen, todschicken Disco gefeiert wurde, so sterbenslangweilig war, dass ich mich a) betrank und b) begann, mit einem überlangen Kaminfeuerzeug, das ich ganz neu gekauft hatte, mir ein wenig die Zeit zu vertreiben. Das endete damit, dass ich einem Mädchen ihre turmhohe Haarsprayfrisur abfackelte. Gut, dass das in München war, die Leute waren alle fit und schnell genug, das Feuer im Frühstadium zu löschen und es gab keine Verletzungen. In Hamburg hätte man mich verprügelt oder verhaftet oder am besten noch beides. Ich hätte es verdient gehabt! In München bat man mich nur eindringlich, doch nun bitte zu gehen.

Erst im Alter von zweiunddreißig Jahren, nämlich im Jahre 1996, habe ich meine Zündelleidenschaft wirklich überwunden beziehungsweise kanalisiert: Zum einen schrieb ich ein Stück für die »70 Minuten Musik ungeklärter Herkunft« namens »Lass uns brennen«, und sorgte dafür, dass es als Opener des Albums niemandem entging. Zum anderen fing ich an zu rauchen. Seitdem habe ich mehrmals täglich etwas anzuzünden, aber immer auf gesellschaftlich akzeptierte Weise.

Angst und Tanz

Angst habe ich eigentlich immer oder nie, wie man's nimmt. Denn wenn man immer Angst vor den Auftritten hat, tritt natürlich mit der Zeit eine gewisse Gewöhnung ein, eine Vertrautheit mit dem Schrecklichen, die einem immer wieder das Gefühl gibt, nach Hause zu kommen, obwohl das dann ein Zuhause ist, in dem man lieber nicht wohnen wollen würde, wenn man denn eine Wahl hätte.

Routine ist dabei keine Hilfe. Wenn die Routine im Rahmen einer Tournee so stark wird, dass sie die Angst zurückdrängt, tritt als Nebenwirkung starker Selbstekel auf, und das ist natürlich noch viel schlimmer. Deshalb mache ich keine langen Tourneen, nach zehn Konzerten ist Schluss.

Ich kann mich nur an ein einziges Konzert erinnern, bei dem ich überhaupt keine Angst hatte, das war Anfang der 80er Jahre in der Zeche Bochum, wo wir mit den Doraus und den Marinas im Dreierpack mit Malaria und den Einstürzenden Neubauten auftraten. Das Publikum war ein reines Lederjackenpublikum, was den anderen beiden Bands natürlich entgegenkam, während wir, die wir einheitlich in Fiorucci gekleidet waren, den ganzen Hass abkriegten. Damals war es noch Pogopunksitte, die Musiker während des Konzertes anzuspucken, je mehr Hass dabei im Spiel war, umso schlimmer. Mit anderen Worten: Ich bekam alles ab. Ich wurde das ganze Konzert über bespuckt, bis ich von oben bis unten klatschnass war. Trotzdem fühlte ich mich wohl und hatte keine Angst. Wahrscheinlich, weil alles, was an Schlimmem sein konnte, gerade passierte.

Was half, war das Tanzen. Nur bei meinem allerersten Konzert mit Evergreens of Psychoterror war ich kein Sänger, da spielte ich Synthesizer, hatte also die ganze Zeit zu tun und etwas, wo ich draufgucken konnte. Ich konnte das Publikum ignorieren. Danach stand ich immer als Sänger auf der Bühne, da ist das schon schwieriger, schon weil ich kein Instrument spiele, auch keinen Synthesizer mehr. Und der Sänger ist leider der, auf den immer alle gucken. Und irgendwas muss man tun. Tanzen ist das Einzige, was mir bleibt: Man kann auf seine Füße schauen dabei oder auf seine Hände oder den Kopf von links nach rechts schwenken und die Augen gleich mit, es gibt jedenfalls immer etwas zu tun und man kann sich darauf konzentrieren. Was natürlich beim Tanzen nicht unbedingt hilfreich ist, Tanzen ist ja keine Tätigkeit, auf die sich die Leute konzentrieren, während sie ihr nachgehen. Bei mir aber schon. Ich konzentriere mich und kontrolliere jede Bewegung, weil das gut gegen die Angst ist und die Augen beschäftigt.

Ich lernte das, als Fred vom Jupiter für die Bayerische Fernseh-NDW-Revue »Dreiklangsdimensionen« aufgezeichnet und ich erstmals beim Singen gefilmt wurde. Da sah ich mich gezwungen, mich zu meiner Musik körperlich zu bewegen. Oder überhaupt zu irgendeiner Musik. Ich hatte ja noch nie getanzt. Nicht in Diskotheken, nicht auf Partys, nicht in Jugendheimen, nicht am Lagerfeuer. Das tue ich auch heute nicht. Ich tanze nur auf der Bühne und nur aus Angst. Und das Video zu Fred vom Jupiter, das eigentlich nur ein Ausschnitt aus »Dreiklangsdimensionen« ist, zeigt, wie ich das das allererste Mal tue. Da war zwar kein Publikum, aber die Kameras waren genauso schlimm und außerdem stellte man mir drei Frauen zur Seite, die ich nicht kannte, das war mehr als ausreichend.

Damals ließ ich beim Tanzen die Arme schaukelnd hängen und bewegte die Füße im Rhythmus der Musik nach links und nach rechts. Bis heute hat sich das weiterentwickelt, mittlerweile winkel ich die Arme an beim Tanzen, das ist dynamischer, die Hände sind meist zu Fäusten geballt und die Schrittfolge ist schneller und unberechenbarer.

Schlussbetrachtung

An dieser Stelle kann das Buch ruhig enden. Alle Geschichten, die ich erzählt habe, spielten im letzten Jahrtausend, außer der 3nach9-Geschichte, aber irgendeine Ausnahme sollte es immer geben, sonst sind die Dinge zu streng geordnet. Alles, was ich seitdem erlebt habe, ist zeitlich noch zu nah. Ganz ohne Distanz geht es nicht.

Trotzdem kann ich soviel sagen: Ich habe seitdem immer weiter Tonträger veröffentlicht. Durch das Internet ist im Musikgeschäft auch alles viel besser geworden. Meine Alben sind nach der Jahrtausendwende durchgehend in den Top 10 der Hitparaden aufgetaucht, besonders in den iTunes- und Amazon-Charts. Zwar manchmal nur für eine Stunde, aber ich war nie der Meinung, dass Erfolg von langer Dauer sein muss.

Inhalt

Die »Fred-vom-Jupiter«-Geschichte   5
Die Guten-Morgen-Hose-Geschichte   11
Die Schlag-dein-Tier-Geschichte   14
Die Stoppt-Faschismus-Geschichte   18
Hollywood   21
Meine Filmfestivals   25
Die Oper »Die Überglücklichen«   30
Die Beleidigung   34
Student ohne Abitur   37
Meine Kurzfilme   41
Die Chartpowergimmickgeschichte   49
Die psychedelischen Nazizwerge   52
Alkohol in München   54
Idole   58
Blumen und Narzissen – Der Kinderstar der Neuen Deutschen Welle   65
Die Menschen sind kalt   75

Das Ende der Neuen Deutschen Welle und mein Anteil daran	82
Rückkehr zur Musik 1: Demokratie	87
Rückkehr zur Musik 2: Ärger mit der Unsterblichkeit	92
Rückkehr zur Musik 3: Wir werden wieder gebraucht!	99
Deutscher Dance: Big Noise und City Space	104
Mein erstes Geld	108
Der Werbedeal	110
Gitarrespielen und das Dorau-Prinzip	114
Falsche Fahnen und Der lachende Papst	117
Das Thema Tiere	121
neu!: Vom Dance zum Rock und zurück	125
Kriegsdienst: Ich höre nicht gut, aber mein Vater konnte gut schießen	130
Autogramme	134
Goldverleihungen: Hier kommt der Neid!	136
Filmkomponist: Manta der Film	140
70 Minuten ungeklärter Verwirrung	144
Girls In Love I: Grand Germain en France	149
Girls in Love II: Ein Sänger, ein Bär und eine Frau in Paris	155
Die 3nach9-Enttäuschung	158
Evergreens of Psychoterror I: Im Künstlerhaus	160
Evergreens of Psychoterror II: Düsseldorf und Red Crayola	164

Japan: Einsam, aber sauber!	166
Lass uns brennen	171
Angst und Tanz	174
Schlussbetrachtung	178

Werkverzeichnis Andreas Dorau

Falsche Fahnen, Single, Eigenlabel, 1981
Der lachende Papst, EP, Zickzack, 1981
Fred vom Jupiter, Single, Ata Tak, 1981
Blumen und Narzissen, Album, Ata Tak, 1981
Kleines Stubenmädchen, Single, 1982
Die Doraus und die Marinas geben offenherzige Antworten auf brennende Fragen, Album, CBS, 1983
Die Welt ist schlecht, Single, CBS, 1983
Guten Morgen Hose (Kurzoper mit Holger Hiller), EP, Ata Tak, 1985
Die heilige Familie, Kurzfilm 3 min, 1985
Die kleine Frau, Kurzfilm 3 min, 1986
Die Laika und ihre Freunde, Kurzfilm 3 min, 1987
Demokratie, Album, Ata Tak, 1988
Demokratie, Single, Ata Tak, 1988
Demokratie, Musikvideo, 1988
Ärger mit der Unsterblichkeit, Album, Ata Tak, 1992
Die Schande kommt, Musikvideo, 1992

Schlag Dein Tier, Kurzfilm 45 min, 1992
Neu!, Album, Motor Music, 1994
Stoned Faces Don't Lie, Single, Motor Music, 1994
Das Telefon sagt Du, Single, Motor Music, 1995
Die Sonne scheint, Single, Motor Music, 1995
Ernte (Best of Ata Tak Releases), Compilation, Ata Tak, 1995
Was ist N.E.U. (Remixe), Compilation, Motor Music, 1995
Girls in Love, Single, ElektroMotor, 1996
Ab, FlexiDisc, ElektroMotor, 1996
70 Minuten Musik ungeklärter Herkunft, Album, ElektroMotor, 1997
So ist das nun mal, Single, ElektroMotor, 1997
Die Menschen sind kalt, Single, ElektroMotor, 1998
Die Menschen sind kalt, Spielfilm 90 min, 1998
Durch die Nacht (mit Justus Köhncke), Single, Kompakt, 2004
Straße der Träume, Single, Mute, 2005
Ich bin der eine von uns beiden, Album, Mute, 2005
Kein Liebeslied, Single, Mute, 2005
40 Frauen / Im September, Single, Mute, 2005
Todesmelodien, Album, Staatsakt, 2011
Größenwahn, Single, Staatsakt, 2011
Stimmen in der Nacht, Single, Staatsakt, 2011
Aus der Bibliothèque, Album, Bureau B, 2014

Flaschenpfand, Single, Bureau B, 2014
Löwe, Single, Bureau B, 2014
Hauptsache Ich (Best Of), Compilation, Bureau B, 2014
Silbernes Ich (Raritäten), Compilation, Bureau B, 2014

Kontakt:
Agentin: Charlotte Goltermann,
charlotte@musique-couture.com

Booking: Wieland Krämer,
wk@powerline-agency.com